あそびの
ポッケ

3・4・5歳児の

友達と関わり、
主体性・協同性を育む

ふれあいあそび

ひかりのくに

はじめに

　3・4・5歳児のこの時期にふれあいや関わりがなくなると、この先の子どもの世界が見えにくくなる感じがします。一人でもいいや、友達を意識しない、認めない、関わり合いをもたない、そのような子どもが大きくなったときに、自分以外の人に興味をもつでしょうか？　乳児クラスで愛情いっぱい育てられた子どもたちを、さらに幼児期で飛躍させる、自分から進んで関わりをもって友達と、保育者と楽しい時間を過ごし、様々な事象を学び、大きく育つ。「これは何事にも代え難いのではないか!」、そのような気持ちでいっぱいです。

　子どもは、単純に友達と遊んで笑って楽しく過ごしたい、その中で学べることがあればどんなことにも貪欲になり、主体性をもって取り組んでいく姿になっていきます。保育者が環境を整えることはもちろん、いろいろな視点からのアプローチで、子どもの興味や関心が生まれ、友達と一緒にすればいろいろなことができる、それがうれしいという時期がくるでしょう。

　保育は日々の積み重ね、子どもの成長もそれに比例していきますね。ふれあい遊びや、関わり遊びなどは、総合的な遊びだと感じています。一つひとつの遊びにねらいをもち、小さなことでもいいので子ども自身が達成感であふれるような時間を過ごせるように、お力添えしたいと思います。

　本書の細かな部分を使ってもいいでしょう、そのまま遊んでもいいでしょう、どのような場面になっても参考にしていただけると幸いです。たくさんの幸せが感じられますように…。

KOBEこどものあそび研究所
小倉和人

本書の特長・見方

実践済みの3・4・5歳児のふれあいあそびを1冊にまとめました。
子どもたちの姿に合わせて、たっぷり楽しんでください。

3・4・5歳児の
ふれあいあそびが楽しめる
ポイント 5

ポイント 1

実践済みの遊びを写真たっぷりで紹介！

「関わりあそび」「歌あそび」「ゲームごっこ」「オニあそび」「みんなで水あそび」の5章立てで、実際に子どもと楽しめるふれあいあそびを、写真たっぷりで紹介しています。

ポイント 2

遊びを通して育ちが分かる！

それぞれの遊びを通して、情緒面や身体機能面などで子どもがどのように育っていくのかが分かります。

ポイント 3

なぜこの遊び？遊びのなるほど解説

どうしてこの遊びなのか、子どもの育ちの様子や、遊びで意識したい、保育者の関わり方などを解説します。

ポイント 4

遊びを広げられる！展開のカギ

どの遊びにも、展開のヒントつき。興味をもった子どもたちがどんどん遊び込めます！

ポイント 5

保育者の声、遊んでみました！

実際に遊んだ保育者の声を紹介しています。子どもが楽しんでいる様子や遊びが広がる過程など、遊ぶときのヒントにご覧ください。

3

もくじ

序章 子どもとふれあいあそび ‥9

第1章 関わりあそび ・・・・・・・・19

4

第2章 歌あそび ・・・・・・・・・・・ 59

序章

子どもと
ふれあいあそび

3・4・5歳児のこの時期に、たくさん経験したいふれあいあそび。
実際に遊ぶ際に、どのようなことを意識すると良いのでしょうか。
少し掘り下げて考えてみましょう。

序章
子どもと
ふれあいあそび

子どもの姿と ふれあいあそびでのねらい

ふれあい遊びを通して、子どもは様々な経験をします。
それぞれの年齢での子どもの姿に合ったねらいを意識して、遊びを進めていきましょう。

3歳児 平行遊びから「一緒にしよう!」へ

　まだまだ平行遊びの姿が多い年齢。その中で一緒に共通の遊びが少しずつ増えていきます。一緒に力を合わせてやってみようとする様子も後半に見え始めてくるでしょう。

　しかし、それぞれに力と気持ちの方向性が違うのでバラつきが生じます。これはこの年齢での姿。一緒に遊ぶ機会をつくっていくと「いっしょにしよう!」が増え、深まっていきます。

　ふれあい遊びを通して友達との関わりが大好きになり、自分から進んで関わりをもとうとする姿になればいいですね。

4歳児 友達とのやり取りを大事に、遊びを共有する

　力を合わせること、力を発揮することをとても一生懸命にします。しかし、加減が分からないところもあります。「何事にもフルパワー!」そのように感じる年齢です。

　力を発揮することはとても大切なことであり、その姿に影響され他の友達も力を発揮します。しかし、それだけでは着地できませんよね。この年齢では、細かなことですが、どのように相手に自分の気持ちを伝えていくのか、関わる中での友達とのやり取りを大切にしてほしいと思います。

　単に遊びを初めから最後までできればいいのではなく、遊びが途中で終わってしまっても、そのときに感じた「遊びを共有する」「一緒に楽しむことができる」という部分ができればいいでしょう。ルールの理解だけで時間を取られるのではなく、簡単なことに肉付けしていくといいでしょう。このようにみんなでルールと遊びを共有していくことも大切なことでしょう。

5歳児　「自分が!」の気持ちと、友達を認め合う姿

　初めは協力してもバラバラな状態。「自分が!　自分が!」の姿が見られます。遊びの中で一人で力いっぱい踏ん張っている状況を、みんなで役割分担してみるとどうでしょう。それぞれが同じ方向に向かって力を合わせていくことで、友達と気持ちも呼吸も合わせることができます。また、互いに思いやる気持ちも出てくることで、友達として認め合う姿も見られます。

　しかし、そのような5歳児の姿を全体的に捉えがちですが、コアな部分では一人ひとりの姿や活動、言葉などを見ていきたいですね。中には言葉や気持ちを伝えるのが難しい子どももいるでしょう。友達とふれあい、関わり合うことで生まれてくるものはたくさんあります。

　この時期に友達を思いやる気持ちを大切にしていくと、小学校に進学するともっと理解度が増し、言葉も増え、考える力もできてくるので、さらに気持ちを考えられる子どもになっていくでしょう。理想論で終わらないように、保育者が今できることを懸命にアプローチをして、サポートできるように保育できるといいですね。

ふれあいあそびを少し掘り下げて考えてみよう！

ふれあいあそびを進める際に、どのようなことを知っておくといいのでしょうか。ふれあいあそびを少し掘り下げて考えてみましょう。

3・4・5歳児 時間を掛けずに準備しよう

準備を念入りにすることはとても大切なことです。しかし、「すぐに遊ばないと!」と感じることも。時間を掛けずに、身の周りの物で手際よく準備をしましょう。遊びながら修正していくといいでしょう。

\ ありがとう /

はい、どうぞ

3・4・5歳児 保育者主導でもOK

はやくおいでー

つかまえちゃうぞ〜

主体的に子どもが過ごすことはとても大切なことです。ただ、保育者と一緒に遊びたい！　という気持ちがある子どもたち。先生と一緒に遊んだこともいい思い出となります。そのような時間があってもいいでしょう。子どもの笑顔を増やして、友達との関わりを深めるきっかけになればいいですね。

13

掛け合い

歌あそびでも、ふれあいあそびでも、必ず声を出す場面があります。遊びの中で子どもが自発的に声を出すのはすばらしいことです。また、声を掛け合うことでリズムも取りやすいです。遊びの中で子どもなりの言い回しをするということもあります。これは、思わず声を出すというと分かりやすいでしょう。そして、遊び終わった後に「あ～っおもしろい!」「もう一回しよう!」と声が出てくるといいですね。

スロースロー&アップテンポ

遊び始めはゆっくりとしたリズム、テンポでいいでしょう。初めから大人の感覚でアップテンポにすると遊びが分裂してしまいます。遊び始めはゆっくりでも、次第にふれあいあそびをしている仲間同士で速くなっていきます。共通のスピードが生まれてきます。遊びを理解し体得した、コツをつかんだということになります。子どもの様子を見守りながらテンポについても考えてみましょう。

気が合う友達も良いけれど…

いつも一緒に仲良く遊んでいる友達とふれあいあそびをするととても楽しいです。いつも一緒だと遊びを深めることができるかもしれません。しかし、人間関係での社会性を見てみると少し疑問が湧きます。同じルールを共有しているのであれば、どの友達でもできる方がいいでしょう。みんなで楽しみながらさらに深めていく方が望ましいですね。気持ちの合う合わないもあるかもしれませんが、人と関わりをもつことは、その時々でコミュニケーション能力を育てることにもなります。子どもの様子を見ながら声掛けしてもいいでしょう。

みんなと一緒も楽しい!

一人ひとりが、それぞれに感じたことを遊びとして発展させること、主体性をもって取り組むことはとても大切です。でも時には、みんなと一緒に遊びを楽しみ、関わり合いをもって取り組むことも非常に大切なことです。比重が偏ることなくカリキュラムを組み、取り組んでいくことが子どもにとって良いのではないでしょうか？　友達と顔を突き合わせ、ふれあって遊ぶと、自分で取り組むものとは違った喜びや感じ方、発見などがあります。各年齢でふだん見せない子どもの姿にも注目しましょう。

ゲーム形式も楽しもう!

子どもたちにとって、関わりあそびの中でゲーム形式にすることも楽しいものです。完成形ではなく、少しひもといたもので良いでしょう。子どもたちに分かりやすい、取り組みやすい内容が良いと思います。慣れてきた頃に、ルールを少し変えて遊びを展開していくと良いでしょう。初めよりもおもしろさがどんどんと広がっていくでしょう。

待つことは学びの時間

チームに分かれたり、順番に行なったりする遊びの際に、待つという場面もあります。待つことは、ただ待っているというのではなく、遊びの中で他の友達の様子を見ながらルールや方法を理解するということにつながります。遊びの中心ではないですが、遊びの輪の中にはいます。輪の中で一緒に共有します。もちろん、友達に声を掛けたり応援したりする姿も見られます。保育者の打ち合わせのために待たせるのではなく、他の友達がしている間に待つ時間は子どもが遊ぶための学びの時間としてあるのだと捉えると良いでしょう。

ジャンケンされどジャンケン

ジャンケンは（個人差はありますが）、おおむね3歳児後半から理解して遊べるように
なっていきます。年齢や体の大きさ、体重の重さなどまったく関係なく、グー・チョキ・
パーの3種類のうち、いずれかを出すことで勝敗が決まるのです。これを基にした遊
びをいくつか本書にも紹介しています。遊びの基本（ジャンケン）ができているから
こそ、展開部分の楽しみがたくさん増えていくのです。ジャンケン一つで楽しめるの
で、それを基にたくさんの遊びを経験してみましょう。

ほんわか? or スピーディー?

ふれあいや関わりあそびなどはほんわかとした雰
囲気の中で遊んでいる感じがしますね。もちろんそ
れで良いのです。4歳児後半、5歳児クラスなどは、
時には気持ちを込めて集中して取り組むことが必
要な場合もあるでしょう。スピーディーに活動する
のがそのうちの一つです。しっぽ取りやオニごっこ
など、様々な運動要素（体幹、バランス、瞬発力、俊
敏さなど）を含んだものです。これらの遊びはほん
わかした雰囲気ではできませんね。クラスの姿や遊
びの内容によっては、視点を変えることも必要に
なってきます。保育者としてどの部分にねらいを置
き、活動内容を決めていくのか、また子ども一人ひ
とりがどのように力を発揮していくのかを考えなけ
ればなりません。うまくフォローし、成長を見守るこ
とができるようにしていきましょう。

やっぱりふれあいだよね!

子どもの成長に重要なふれあいあそび。
今、どのように取り入れていくといいのでしょうか。

ふれあいあそびを通して

　新しい生活様式に変わり、保育でも様々な部分で新しいシステムが導入されています。今まで生活してきた中で、大変な違和感を心に感じる方もたくさんいらっしゃるでしょう。保育をしていて子どもの成長を見守り養護していくのはもちろんのこと、子どもの命を守っていくことも非常に大切なことです。

　しかし、考えてみるとこの乳幼児期に、人と人とのふれあいや、関わり合いがなければどうなるのか？　少し考えただけでとても身震いのする思いになります。人として人を好きになる、人が気になる、相手を思うなど、人に関心をもたなければ、人として、またこれから社会に出ていく子どもたちにとってとても素っ気ない、おもしろみが半減するような世界になるのではないでしょうか？　少々おおげさなことかもしれませんが、そのような近い未来の姿を想像してしまいます。

　保育者として日々行なっている生活様式に留意し、子どもたちが心の底から楽しい、心地良い環境を整えていくといいのではないでしょうか。その時期、その状況に応じて保育をしていきましょう。

第1章

関わりあそび

友達と関わりをもつきっかけになる、また、
関わりながら友達との関係を少しずつ深めていけるような
簡単な遊びを集めました。

おっとっと

友達との関わりの第一歩！

あくしゅで「はい、こうたい」

遊びを通して　社会性の芽生え

なるほど解説

なじみのある手遊びで関わりをもつ
手遊びと、唱え歌が子ども同士を引き合わせる役目になっています。また、簡単なルールを遊びながら体得することも必要でしょう。

準備物

園児用イス（人数の半分）
●園児用イスをランダムに置く。

❶ 『グーチョキパーでなにつくろう』の手遊びをしながら歩く

園児用イスに子どもが座ります。
残りの子どもは、手遊びをしながら歩き回り、座っている子どもの前に行きます。

♪グーチョキパーで〜

♪ヘリコプター〜

例えば、「♪右手はグーで　左手はパーで　ヘリコプター　ヘリコプター」の「ヘリコプター　ヘリコプター」で、ヘリコプターを表現しながら座っている子どもの前に立ちます。

あそびのコツ

友達が見つからないときなど、繰り返し歌って間を取るようにしましょう。

❷ 握手をして入れ替わる

「♪あくしゅ　あくしゅ　あくしゅで　はい　こうたい」と
唱えて握手をします。交代して、繰り返し遊びます。

♪あくしゅ
あくしゅ～

あそびのコツ
イス同士は少し広めにスペースを取りましょう。

遊んでみました！
作る物が生き物だと、座っている子どもの頭や肩に乗せて歩かせていました。

展開のカギ

園児用イスを2脚ずつ並べ、
二人ずつ座る
歩く子どもは一人ずつで、イスの前で二人そろったら、交代して遊びます。

※『グーチョキパーでなにつくろう』（作詞／不詳　外国曲）

互いを思いやってバランスを取る！

はこんでオットット！

遊びを通して 協力して運ぶ、バランスを取る

なるほど解説

相手とのバランスを取る

フープを持つ高さによってどちらかに負担がかかったり、重たく感じたりしてしまいます。二人で協力して遊べるといいでしょう。

準備物

フープ、短縄、玉入れの玉、子ども用バケツ
● フープに短縄を結び、バケツを通す。

短縄 / バケツ / フープ

あそびのコツ

二人組で行ける距離を設定する。

あそびのコツ

コースをいくつかつくり、待ち時間を少なくする。

スタート / 玉を入れる / 玉を出す

① バケツに玉を入れて運ぶ

二人１組でフープを持ってスタート。途中の玉置き場でバケツに玉を入れます（数量は二人で相談）。

いくよ～！

どれだけいれる？

② 玉を移したらバトンタッチ

バランスを取りながらポイントへ向かい、玉を移します。
再びフープを持ってスタート地点へ。
次の二人組にバトンタッチします。

遊んでみました！

遊んでいく中で、「もう、これだけにしとこう」など声を掛け合い、ちょうどよい量を入れるようになっていました。

おっとっと！

はやく〜！

展開のカギ

● 玉の種類を変えます。
● 距離を離します。
● フープを大きくします。

3歳児

友達と力を合わせよう！

うちわパタパタ あおいでド〜ン!!

遊びを通して 協力して力を発揮する

積み上げた紙パックをうちわであおいで倒す

3人一組になって、フープの中にある積み木の上に、
紙パックを縦にして積み上げていきます。
積み上げたらフープの外からうちわであおぎます。
すべて倒れたら戻って、次の子どもにバトン（うちわ）タッチします。

がんばれ〜

なるほど解説

友達と力を合わせる ことを、少しずつ感 じていく

必ず一人1本の紙パックを立て、
懸命に協力してあおぎます。風
の力で倒すおもしろさと不思議
さ、それに自分も参加してみん
なで遊んだという実感を得られ
ると、楽しさが増してきます。

準備物

うちわ3本、紙パック3本、
ボトルキャップ5個×3セット、
フープ、積み木
● 紙パックにボトルキャップ5個
を入れ、口を閉じる。

ボトルキャップ

テープで留める

あそびのコツ

ルールをよく理解できるよう
に伝えましょう。

24

パタパタ～

なかなかたおれない

おてだま

遊んでみました！

3人で力を合わせ倒せたとき「やった～」としぜんと言葉が出て、達成感を感じていました♪

たおれた!!

3歳児　関わりあそび　うちわパタパタあおいでド～ん!!

25

頭を低くして手を前に出し、かき分けながら移動!

かぶせオニ

遊びを通して　ルールや期待感を共有する

なるほど解説

かき分ける動作の経験を
手を使わず上半身だけで逃げようとすることが多いです。遊びの中で体を小さくして手を前に出し、かき分けて遊ぶ経験も必要でしょう。

準備物

マット、マット大の布 (テーブルクロスやシーツでもOK)
● マットをランダムに置き、1枚に5〜8名程度子どもが座る。だれも座らないマットも1、2枚程度置く。

『山小屋一軒』の替え歌で遊ぶ

① かぶせオニが布をかぶせにくる

かぶせオニ (保育者二名) が布を広げてふわふわ動かしながら、
子どもたちが座っているマットの周りを歩きます。
マットを一つ選んだら、「♪ここにしよう!」と歌って、上から布をかぶせます。

♪ここにしよう!

❷ あいているマットに移動する

子どもは布がきちんとかぶさってから逃げ、あいているマットに移動します。
繰り返し遊びます。

あそびのコツ
ルールをきちんと理解し、布が
かぶさってから動きましょう。

展開のカギ

グループを替える
違うメンバーでも全員一緒に
逃げられるでしょうか。

にげろー！

遊んでみました！
遊びに慣れてくると
布がフワーッとなるの
をじっと見上げ、かぶ
さるのを待っている姿
がかわいかったです。

『山小屋一軒』(作詞／不詳　アメリカ民謡)の一部メロディーで　作詞／小倉和人

おおきなぬの が　ありました　ふわふわふわふわ とんでいく　こんどはどこに　とんでいく　ここにし よう

「合言葉」これがカギ！

トンネルくぐってこんにちは！

遊びを通して　言葉のやり取りを楽しむ

なるほど解説

コミュニケーション力を高める

合言葉を楽しみながらトンネルをくぐったり、くぐってもらったりすることは、友達同士のコミュニケーションにつながります。「言葉」や「人間関係」、「健康」といった部分に関わってくる遊びです。

合言葉を伝えてトンネルをくぐる

クラスの半数がランダムに広がり、二人組になってトンネルを作ります。
残りの半数は「こんにちは!」と合言葉を伝えてからトンネルをくぐります。
繰り返し遊びます。

二人でトンネル
手と足の間に作ったトンネルをくぐります。

こんにちは！

どうぞ〜！

あそびのコツ

初めは合言葉無しで。遊びの過程を見ながら、合言葉を加えましょう。

遊んでみました！

初めは小さな声で合言葉を伝えていましたが、「こんにちは」「どうぞ」のやり取りに広がりました。

展開のカギ

慣れてきたらオリジナルのトンネルで遊んでみましょう。
合言葉の「こんにちは!」は基本です。

同じ気持ちになったらうれしい！

オニ・パン

遊びを通して　「一緒にできた」という気持ちを共有する

なるほど解説

友達と一緒がうれしい
「偶然にもポーズが友達と同じだった！」というように、友達との共有が気持ちを高めるポイントになるでしょう。しかし、合わなくても握手をするので仲良しです。遊びの中で自分と同じことを考えている友達がいるという喜びや気持ちを育てていく部分が非常に重要となってくるでしょう。

❶ 二人組になって、『おべんとうの歌』で遊ぶ

① ♪おべんと　おべんと
下線部で両手をたたき、両手でタッチする。これを2回する。

② ♪うれしいな
両手でタッチを3回する。

♪うれしいな

③ ♪おてても　きれいに
なりました
①・②と同じ。

④ ♪み～んな　そろって　ごあいさつ　（ピッ!）
①・②と同じ。「ピッ!」で個々におにぎりポーズかあんパンポーズを取る。

おにぎりポーズ

あんパンポーズ

あそびのコツ
初めにポーズごっこで遊んでもいいでしょう。

② ポーズに合わせて動きを楽しむ

互いのポーズがそろったら、ポーズに合わせた動きをします。
※繰り返し遊んでみましょう。

おにぎりポーズ同士の場合…

両手を上げ下げしながら
「オニオニ」と言う。

あんパンポーズ同士の場合…

「あ〜んパン」と言いながら
「パン」のところでグータッチをする。

違うポーズの場合…

「ち〜がうから あくしゅ あくしゅ」と唱え歌をしながら握手する。

遊んでみました！

「オニオニ」「あ〜んパン」の前に、子ども同士で掛け声を入れると、タイミングが合いやすかったです！

展開のカギ🔑

● 3人組にして、合わなかった子どもは合った子同士のポーズが終わってからそれぞれと握手します。
● 友達を入れ替えてもおもしろいでしょう。

※『おべんとうの歌』(作詞／天野蝶　作曲／一宮道子)

4〜5歳児　関わりあそび　オニ・パン

4~5歳児

友達と関わりを深めよう！

パン！パン！ ひげこぶじいさん

なるほど解説

気持ちの変化を楽しむ

ひげとこぶを出して友達との関係性を深めていきます。自分が何を出すかによって勝敗が決まる簡単な遊びですが、ジャンケンと一緒にうれしい気持ち、悔しい気持ちが入り混じります。ルールの共通理解をしてたくさんの友達との関係性を深めていきましょう。

遊びを通して　ルールの共有、関係性を深める

❶ ジャンケンをして役を決める

二人組になり、ジャンケンでリーダーを決めます。

あそびのコツ

ゆっくりしましょう。

❷ ひげこぶパンパン ひげこぶパンパン

「ひげ」は両手グーをあご下にし、「こぶ」は両手をほっぺに当て、「パンパン」で両手を鳴らします。向かい合って一緒にします。

ひげ　こぶ　パンパン

遊んでみました！

繰り返し説明をして遊んでいくうちに、勝ち負けを理解して楽しめるようになりました。

展開のカギ

- それぞれの二人組で呼吸が合ってきます。スピードは子どもたちに任せてもいいでしょう。
- 違う友達とたくさんできるように促していくのもいいでしょう。

次いっしょにやってみたら？

③ 「せーの」の合図で「ひげ」か「こぶ」をする

リーダーは②の後、「せーの!」の合図で、「ひげ」か「こぶ」をします。
相手が同じになったらリーダーの勝利。負けた子はリーダーの周りを一周走ります。

ひげ！

こぶ！

あそびのコツ
ルールの付け足しは子どもの様子を見ながらしましょう。

あそびのコツ
初めは勝利したら違う子どもと行ないます。

④ もう一度遊んで 違う子どもと

リーダーが勝ったら引き続きリーダーに、違うのが出ればリーダーは交替します。2回目の負けが決まれば子どもは2周走り、相手を変えて繰り返し遊んでみましょう。

話を聞いたことを基に活動する

ふたりで ズンチャ！

なるほど解説
バリエーションを豊富に
一つの遊びから、様々な活動へと発展します。内容は、子どもたちが大好きな遊びばかり。それぞれじっくり遊ぶとより楽しめます。

遊びを通して　言葉の掛け合いを楽しむ

二人組になって『いわしのひらき』の 替え歌で遊ぶ

※ **リ**…リーダー　**子**…子どもたち

① **リ 子**：♪ズンズンチャッチャ　ズンズンチャッチャ
　　　　ズンズンチャッチャ　ホッ！
手を交互に波のような形で表現する。

♪ズンズンチャッチャ〜

展開のカギ

オリジナルの活動を考えて遊んでみましょう。

わらうとまけよ
にらめっこ〜

「ホッ！」で手は頭、足も丸形にする。

ホッ！

あそびのコツ
「ズンズンチャッチャ」の動き、「ホッ！」のポーズを楽しもう。

② リ：♪○○○○○○○○○○！
　　　ソレッ！
　リ子：○○○○○○○○○！
　　　ソレッ！
リーダーが 1〜5 の中から
次の活動を選んで伝え（子どもたちは
「ホッ！」ポーズのまま聞く）、
みんなで決まった動きをする。

③ 1→2→1→2 を繰り返します。

クルクル
まわってあそび
ましょう！

クルクル
まわって
あそびましょう！
ソレッ！

ソレッ

活動

1 クルクルまわってあそびましょう！

向かい合わせで両手をつなぎ、リズミカルにジャンプしながら回る。

2 おしあいごっこであそびましょう！

向かい合わせで両手を当てて、力を込めて押し合いっこする。

3 すわっておふねをこぎましょう！

座って腕とおなかに力を入れ、おふねをぎっちらこする。

遊んでみました！

● なべなべそこぬけやりましょう！
● 二人でカエルになりましょう！
● トントンパンで遊びましょう！
など、子どもからアイディアが出ました♪

4 ふたりそろってひこうきブ〜ン！

両手をつないで飛行機ポーズでバランスを取る。

5 おしりでポンポンおしりあい!?

おしりをポンポンタッチでふれあう。

※『いわしのひらき』（作詞・作曲／不詳）のメロディーで

35

4〜5歳児

あんなこと、こんなこと、できるかな？

新聞イロイロ棒

遊びを通して　チャレンジする気持ち、できた喜びを得る

いろいろな遊びに挑戦する

棒1本でいろいろ遊べることを知ることが重要です。「こんなことに挑戦してみよう」という気持ちや、できたときの喜びを感じましょう。

準備物

新聞紙5枚程度
● 新聞紙を硬く巻いて、棒を作る。

新聞紙 → セロハンテープ

① 一人で遊んでみよう！

① 床に置いて前後ジャンプ
縄跳びのようにジャンプをする。

ジャンプ！

② 手のひら乗せ
手のひらに棒を乗せて、バランス遊びをする。

おっとっと

③ 立たせて拍手
棒を床に立て、拍手後、素早くキャッチする。

パチパチパチ

④ くぐりっこ
両手で棒を持ち、またいで背後で上げ、前に戻す。

② 二人で遊んでみよう!

① なべなべそこぬけ
二人で棒を持ち『なべなべそこぬけ』(わらべうた) をする。

遊んでみました!

一人1本ずつ棒を持ち、いろいろなチャレンジを楽しんでいました。少し難しい遊びも次第に上手になって、喜ぶ姿が見られました。

♪なべなべそこぬけ　♪かえりましょう

② ゆらゆら棒ジャンプ
一人が棒を左右にゆっくり動かし、もう一人がジャンプする。

③ 瞬間移動
互いに棒を手のひらで押さえて立て、「1、2の3」で移動し相手の棒を持つ。

いくよ〜!

キャッチ!

④ ぐるぐるフープ回し
棒を2本重ねてフープを通す。両端を持ち、力を合わせてフープを回す。

あそびの応用・展開 ➡

4歳児 新聞イロイロ棒ダッシュ

❶ 5〜6人1チームになって遊びます。スタートの合図で、ゴールに向かって順番に新聞棒を並べていきます。一人が並べたらスタートに戻り、次の子どもにタッチしてまた並べます。これを繰り返します。

まっすぐ
ならべるよ

遊んでみました！

慌てて、棒を斜めに置いてしまうことがありましたが、修正しながら取り組んでいました。

❷ 全て並べたら、電車になって新聞棒にまたがって進んでいきます。

しゅっぱーっ！

Ⓐ Ⓑ Ⓒ Ⓓ Ⓔ

❸ 全員がゴールまで行ったら、①一番後ろの子ども（E）が手前の新聞棒を持って帰って次の子ども（D）にタッチし、②次の子は、次の棒を持って帰ります。これを繰り返します。全員が新聞棒を持って戻ればゴール。

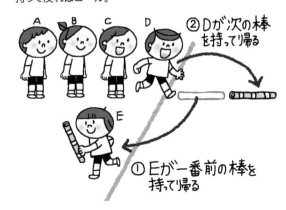

A B C D
②Dが次の棒を持って帰る
E
①Eが一番前の棒を持って帰る

5歳児 棒でボール引っ越し

準備物

フープ、ビーチボール、新聞棒
●ビーチボールに水（200〜300㎖）を入れる。
※両チームのボールが同じ重さになるようにする。

2チームに分かれて遊びます。2本の新聞棒を二人で持って進み、フープAの
ボールを新聞棒で挟みフープBに移したら、スタートに戻ってバトンタッチ。次
の二人組はフープBのボールをフープAに移し、繰り返し遊びます。

フープA　フープB

スタートに戻り
バトンタッチ

遊んでみました！

「しんちょうに！」
「そ〜っと！」と声
を掛け合い、協
力して運ぶ姿が
見られました。

5歳児
関わりあそび　棒でボール引っ越し

"いっせ〜
の〜で！"

Ⓐ

いち、に、
いち、に

ゆっくりね

Ⓑ

4～5歳児

リズムに合わせてみんなで楽しむ気持ちを！

ごんべさんの ケンケン

遊びを通して 友達と気持ちを同じにする

『ごんべさんのあかちゃん』の替え歌で遊ぶ

① ♪みぎにあるいてケンケンケン
　手をつないで輪になる。右回りに歩き、右足でケンケンを3回する。

♪みぎにあるいて

♪ケンケンケン

あそびのコツ
初めは手をつながずに遊んでみよう。

② ♪ひだりにあるいて
　　ケンケンケン
　左回りに歩き、左足で
　ケンケンを3回する。

♪ひだりに
あるいて

③ ♪まえにすすんでケンケンケン
中央に寄って、右足でケンケンを3回する。

♪まえに すすんで

♪ケンケンケン

遊んでみました！
隣の友達が変わることで、力の入れ具合も変わり、勝手の違うケンケンを楽しめた様子でした。

④ ♪うしろにさがってケンケンケン
後ろに下がり、左足でケンケンを3回する。

♪うしろにさがって

あそびの応用・展開 →

※『ごんべさんのあかちゃん』
（作詞／不詳　アメリカ民謡）のメロディーで
作詞／小倉和人

4歳児 ごんべさんのケンケンオニ

オニ役の3人が輪の中央に入り、『ごんべさんの
ケンケン』をします。最後の「ケンケンケン」でケン
ケンをしながら逃げ、オニもケンケンで追い掛け
ます。オニたちが3人の子どもにタッチしたら、役
を交代して初めから遊びます。

※ケンケンに疲れてきたら止まってもOK。両足をついている
　ときは動けません。

♪みぎにまわって

にげろ〜！

つかまえた！！

オニ

遊んでみました！

ケンケンでは逃げるの
も追い掛けるのも思っ
たより速くできず、追
い付きそうで追い付け
ない、追い付かれそう
で追い付かれないこと
を楽しんでいました。

5歳児 ごんべさんのケンケンずもう

準備物

カラー標識2個

『ごんべさんのケンケン』をして遊びます。歌が終わったら、腕を組みケンケンをしながら近くにいる友達と1回相撲を取ります。ぶつかるなどして遊んでみましょう。両足がついたら負けです。勝ったチーム、負けたチームに分かれて初めから遊びます。再び勝ちチーム、負けチームに分かれて、これを繰り返し遊んでみましょう。

のこった〜！

まけた〜　かった〜！

勝ちチーム

負けチーム

遊んでみました！

遊び始めは、ケンケンをしてもバランス重視で相手と遠のくばかり。「前に行く気持ちを！」と伝えるとコツをつかんだのか、どんどんぶつかっていました。

5歳児

関わりあそび

ごんべさんのケンケンずもう

異年齢3人で協力しよう！

3・4・5歳児 おむかえサンジョウ！

遊びを通して　異年齢の関わりを楽しみ、力を合わせることを知る

なるほど解説

一人ひとりが力を発揮し、協同性を育てる

遊びの中に各年齢一人ひとりが力を出せる要素が含まれています。3歳児は異年齢児の声をよく聞いて動き、4・5歳児は力を合わせる中で調整力を身に付けるなど、協同性が育ちます。

準備物

新聞紙、マット
● 新聞紙の中心に子ども一人が入る程度の穴をあけ、新聞バスを作る。

① お客さんをバスに乗せる

グループに分かれて遊びます。

お客さん役の3・4歳児はAマットに、運転士役の4・5歳児はBマットに座ります。

① 運転士は二人一組で新聞バスを持ってAマットまで進み、

② お客さんを一人呼んで新聞バスに乗せます。

③ 「新聞バスが破れないように3人で協力して進み、Bマットまで戻ったら次のバスと交代します。

(Aマット)　お客さん（3・4歳児）

(Bマット)　運転士（4・5歳児）

①二人一組でお客さんを迎えに行く。

②新聞バスにお客さんを乗せる。

③次のバスにバトンタッチしたら、Bマットの後ろに座る。

いそげ～！

のれた！

あそびのコツ

運転士がお客さんに声を掛けましょう!

しゅっぱ～つ!!

遊んでみました！

3歳児がじっと待ち、名前を呼ばれなくても目の合図と雰囲気でバスに乗っていくのが印象的でした。

展開のカギ

繰り返し遊んで慣れてきたら、途中でお客さんが上り下りできるもの（長イスやとび箱など）を設定してみましょう。

そ～っとね

② 乗せたお客さんの数を競う

繰り返し遊び、お客さんをたくさん運べたグループが
「上手に運転できたで賞」に決定です。

※お客さんはBマットに座ります。運転士は順番に待ちます。

※途中でバスが破れたらお客さんはAマットに戻り、運転士はBマットで座ります。

45

3・4・5歳児

自分の役割を見つけ出そう！

フープ島 ジャンプで大冒険

なるほど解説

時間をかけて遊び込む

二人でジャンプをする、フープを同じように並べるなど、難しい要素を含んでいます。遊び込むと、相手に対する関わり方などクラスで遊ぶときとは違う姿が見られます。ふだんの保育でも、異年齢のつながりをもち、時間をかけて遊び込むことも必要だと思います。

遊びを通して 自分の役割を見つけ、力を合わせる

フープ9本分ぐらいの距離

折り返し

準備物

フープ（1チーム6本）、ライン（ビニールテープでもOK）、カラー標識

展開のカギ

向こう側に着いたら、帰りは役を替えて戻ってみましょう。

タッチ！

① 島を渡る

あそびのコツ
最初は1コースで遊んでみよう。

異年齢4人1チームになり、二人は手をつないでフープの島をジャンプで渡り、他の二人は渡り終えたフープを前に運んで並べます。

ジャンプ！

② カラー標識にフープを入れる

折り返しラインで折り返したらスタートまで戻り、4人で全てのフープをカラー標識に入れます。次の順番では、役割を交代します。

ゴール！

遊んでみました！

3歳児は、4・5歳児の姿を見てルールを理解して楽しんでいました。4歳児は遊んでいくうちに、フープを縦にそろえるとジャンプしやすいことに気付き、楽しむことができていました。

おどって ペンタくん

表現する力、リズム感、友達（異年齢）との関わりを！

なるほど解説

繰り返しのルールから遊びを深める

新しい役を決めてスタートし、その後入れ替わるという繰り返しのルールを共有しながら、関わりを深めていきましょう。ルールを把握していくと、遊びの中に子どもたちのリズムが出てきます。子どもの姿をバロメーターに、保育者としてどの部分で援助したらいいのか、考えてみましょう。

遊びを通して 異年齢の関わりを深め、ルールを共有する

準備物

並足と駆け足の中間ぐらいの速さの曲（例：『ひょっこりひょうたん島』『ひげのテーマ』 など）

① ジャンケンで役を決める

異年齢で3人組になり、ジャンケンをして中一人、外二人を決めます。外の二人は向かい合わせで手をつなぎ、輪（氷の山）をつくります。中の子ども（ペンギンのペンタくん）は輪に入ります。

あそびのコツ

リズム遊びを楽しみながら進めましょう。

② 合図で移動する

曲が鳴ったら、外二人は体を揺らしながら、中の子どもはペンギンのように手を動かし、軽い駆け足で一緒に移動します。

③ ペンタくんが入れ替わる

合図で近くにいる3人組に「ド〜ン!」と軽くぶつかり、ペンタくん同士が入れ替わります。新しい3人組でジャンケンをし、外二人と中一人を決め、再びスタートします。

遊んでみました！

初めはペンギン役は、思うような歩幅で歩けないのが少し難しいようでしたが、すぐに慣れて楽しんでいました。「ド〜ン!」とぶつかるのも楽しかったようで、笑顔が絶えませんでした。

展開のカギ

氷の山とペンタくんの人数を増やして遊ぶと難易度が上がります。

ド〜ン！

ジャンケンポン！

ともだちトンネルくぐってGO!

異年齢児と一緒に遊んで楽しもう!

3・4・5歳児

遊びを通して 異年齢の交流を喜ぶ

準備物

円形バトン

① 『ロンドン橋』の歌に合わせてトンネルをくぐる

異年齢児で10〜12組のペアになります。2〜3組は車になり、残りのペアは手をつないでトンネルになり、円をつくります。車のペアは前で円形バトンをハンドルに見立てて持ち、年上の子どもが後ろに付きます。『ロンドン橋』の歌をうたいながら、反時計回りでトンネルをくぐっていきます。

♪ロンドンばし
おちる

❷ トンネルに入ったら交代

「♪さあどうしましょう」でトンネルの子どもは腕を下ろします。
中に入った車のペアはトンネルのペアにバトンを渡し、
役を交代します。

♪さあ
どうしましょう

遊んでみました！

他クラスの友達と
ペアになるので初
めは緊張していま
したが、慣れてく
ると笑顔で遊ぶこ
とができました。

展開のカギ

トンネルの途中に巧技台や
とび箱など、昇降ができる物
を置いて遊んでみましょう。

はーい
おやま
のぼりまーす！

\ ありがとう /

はい、
どうぞ

\ いって
らっしゃい！ /

\ しゅっ
ぱーっ /

3・4・5歳児　関わりあそび　ともだちトンネルくぐってGO！

3・4・5歳児

すごろく感覚で楽しめる♪
しまわたり ジャンケン

遊びを通して　勝ち負けでの気持ちの変化、友達と協力する

なるほど解説
**異年齢だからこそ
できる**
3・4歳児には少し難しいですが、
5歳児がいることでルールの理
解など、心強いでしょう。年上の
子どもから年下の子どもへと遊
びを伝える心構えなどは、ふだ
ん見えない子どもの姿だと言え
るでしょう。

準備物

フープ（1チームに3本ずつ）

① フープを並べて中に入る

3人一組になり、チーム対抗で遊びます。
各チーム、スタートラインにフープ3本を縦に並べ、それぞれに一人ずつ入ります。

ジャンケンマン

※数回ジャンケンができる距離をとりましょう。

スタート ライン

② ジャンケンマンと ジャンケンをする

先頭の子どもが一斉にジャンケンマン
（保育者）とジャンケンをし、勝った子
どもは出した手に応じてフープを前に
進めます。繰り返し遊び、最初にゴー
ルラインを越えたチームの勝ちです。
※1位だけ決め、終わればまた最初から始めます。

ジャンケンポン！

負けたら フープはそのままで一番後ろに回り、2番目の子どもが先頭になる。

勝ったら 一番後ろのフープを取って先頭に置く（2番目・3番目の子どもは一つずつ前に進む）。

●グー‥‥‥3つ進む（グ・リ・コ）
●チョキ‥‥6つ進む（チ・ヨ・コ・レ・イ・ト）
●パー‥‥‥6つ進む（パ・イ・ナ・ツ・プ・ル）

もうすぐゴール！

はい、どうぞ！

かった〜！

遊んでみました！

5歳児はグリコジャンケンをしたことが多く、ジャンケンに勝つと「チ」「ヨ」「コ」「レ」「イ」「ト」と、声に出しながらフープを動かしていました。3・4歳児には「次はこうだよ！」と教える姿も見られました。

展開のカギ

両サイドに分かれて中央に線を引き、向かいの子どもとジャンケンをして、いち早く線にたどり着けば勝利。

かったー！

3・4・5歳児

こたつからこたつへお引っ越し！

こたつから出ておいで〜！

遊びを通して　状況に応じて判断し行動する

なるほど解説

遊びを通して文化を感じる

自分のクラス名の目が出たら移動する遊びです。異年齢同士、体を寄せ合って足を伸ばす姿は本当にこたつに入る感覚で、昔からある日本の文化の一つだといえるでしょう。教え合い、伝え合い、ふれあって遊ぶ楽しさを思う存分に味わってほしいと思います。

こたつサイコロを振って
出た目に合わせて行動する

異年齢の3人で1本のフープを持ち、
こたつに入るように足を伸ばして座ります。
保育者がこたつサイコロを振り、子どもは出た目に応じて行動します。

準備物

フープ（3人に1本）、
ウレタン積み木（段ボール箱でもOK）
●ウレタン積み木にⒶを3面、Ⓑを2面、Ⓒを1面描いた「こたつサイコロ」を作る。

Ⓐ…2クラス名（3歳児と4歳児、4歳児と5歳児、3歳児と5歳児）
Ⓑ…こたつマーク
Ⓒ…3クラス名（3歳児・4歳児・5歳児）

Ⓐの目が出たら

保育者が「〇〇組さん、△△組さん、こたつから出ておいで〜」と言い、呼ばれたクラスの子どもはこたつ（フープ）から出て、違うこたつ（フープ）へ移動します。

〇〇組さん
△△組さん
こたつから
出ておいで〜

Ⓑの目が出たら 保育者がフープを1本減らし、子どもはどこかのこたつ（フープ）に入れてもらいます。 ※3人以上になってもOK。

いっぱいになったね！

Ⓒの目が出たら 全員が移動します。

あいてるよ！

展開のカギ

どこかのクラス名にミカンマークを付けます。これが出たら、そのクラスの子どもは移動せずにその場でミカンのように丸くなり、残りの子どもがツンツンします。

遊んでみました！

繰り返し遊ぶうちに、一つのフープにたくさんの友達とふれあいながら入る楽しさを味わっていました。サイコロを振ると「こたつでて〜」と言う声が増えていきました。

53

負けたけどぐるぐる回って楽しい♪

3・4・5歳児 ぐるぐるジャンケン列車

遊びを通して　互いにルールを共有する

❶ フープの中の子ども同士がジャンケンをする

異年齢3人組でチームをつくります。一人はフープに入り、残りの二人は後ろについてフープを持ちます。合図でランダムに歩き、他のチームと出会ったら、フープの中にいる子ども同士がジャンケンをします。勝ったチームはそのままで、負けたチームは後ろの子どもと入れ替わり、もう一度ジャンケンをします。これを繰り返します。

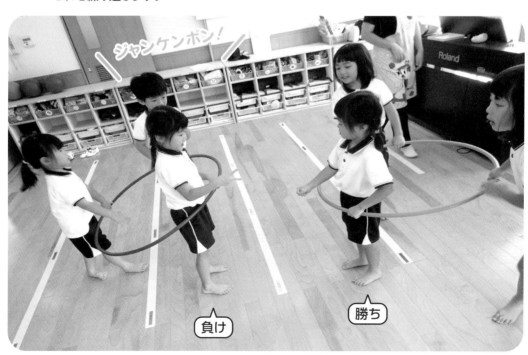

ジャンケンポン！

負け　　　勝ち

展開のカギ🔑

遊びを一つ増やして
みましょう。

例）回った後、フープのトン
ネルをくぐってから再ス
タートをする　など。

② 3人とも負けたら
「ぐるぐる〜」

先に3人とも負けたチームは全
員でフープを持ち、5秒間その
場でぐるぐると回ります。反対方
向にも回ったら再スタートします。
※フープは両手で持ちます。

遊んでみました！

自分が負けても次の
友達を応援できると
ころや、負けてもぐ
るぐる回れるところ
が楽しかったようで、
繰り返し遊べました。

ぐるぐる〜

3・4・5歳児

異年齢児との関わりを楽しもう！

ひっこしこぶた

遊びを通して 異年齢でふれあって体を動かす

① 「こぶた」と「おうち」、どちらかが引っ越す

3人組のうち、おうち役の二人が手をつないで輪をつくり、こぶた役の子どもが中に入ります。
保育者が「こぶた」「おうち」のいずれかを言い、「こぶた」の場合はこぶた役の子どもが違うおうちに、「おうち」の場合はおうち役の二人が別のこぶたの元へ引っ越します。これを繰り返し遊びます。

こぶた

ひっこしするぞ～！

あたらしいこぶたさん！

おうちのひっこしでーす

おうち

② 「オオカミ」の合図でバラバラに

時折保育者が「オオカミ」と言います。
この場合は全員がバラバラになり、新しい3人組をつくって役割を決め直します。

オオカミ！

遊んでみました！

5歳児は自らおうちになって「おいで〜」と中に入れてあげようとする姿が多く見られました。なかなかおうちを見つけられない子どもがいると、「ここあいてるよ!」と誘う姿が5歳児らしかったです。

展開のカギ

保育者がオオカミになって、3人組を組めていない子どもを追い掛けてもいいでしょう。ここでは3人組をつくれるように促す気持ちで追い掛けます。

はやくおいで

つかまえちゃうぞ〜

異年齢との関わりや思いやり

凸凹ごろごろ

遊びを通して　体幹を保ちながら転がる

なるほど解説

体の重みを感じる ふれあいあそび

ふれあいあそびの中でも、体を重ねて全身で遊ぶことは珍しいかもしれません。重みが心地良く、みんなが笑顔で取り組んでいけるでしょう。

準備物

マット

① 友達の背中の上を転がる

1チーム5人で遊びます。2〜5番目の子どもは間を詰めてマットにうつ伏せになり、1番目の子どもはその上を転がります。最後尾に着いたらうつ伏せになり、2番目の子どもがスタートします。

※異年齢児の割合はランダムで。

ごろごろ〜

あそびのコツ

腕を上げて、足をまっすぐに伸ばして転がりましょう。

もうすぐゴール！

あそびのコツ

転がるときはうつ伏せの子どもと頭の向きをそろえましょう。

展開のカギ

複数チーム対抗にして、勝ったら全員で他グループの上を転がってもおもしろいです。

遊んでみました！

5歳児は転がり忘れている子どもがいないか、気に掛けていて、異年齢の良さが感じられました。

② 電車になってスタートに戻る

全員が転がり終わったら、一列につながってスタートまで戻ります。

シュッシュッ！

歌あそび

子どもたちが親しみやすい歌に合わせたふれあいあそびを紹介します。
歌に合わせて、リズムにのって、楽しみましょう。

みんなで気持ちを一つにして楽しもう！

アルプスダンス

遊びを通して 顔を見合わせ、遊びを一緒に楽しむ

なるほど解説

友達の顔を見て遊ぶ楽しさを感じられる

気持ちを一つにして遊んでみましょう。人数を増やしていくにつれ、気持ちや集中力、まとまりなど課題が増えていきます。段階を経て取り組むこともポイントといえるでしょう。

『アルプス一万尺』の替え歌で遊ぶ

※4～5人でグループになり、手をつないで円を作ります。

① ♪まえにすすんで
中心へ寄る。

♪まえに
すすんで

あそびのコツ

初めは保育者も入り、慣れてきたらテンポよく進めましょう。

② ♪うしろにさがって
外へ広がる。

♪うしろに
さがって

③♪ぐるぐるまわって　おどりましょう
手をつないだまま回る。

④♪ランラララララララ　〜ラララララ
①〜③と同じ。

⑤「ヘイ!」
手をつないだまま手を上げて「ヘイ!」と言う。

展開のカギ

「♪ランラララ〜」の部分を、時計回り・反時計回りと回る方向を途中で変えて遊んでみましょう。

遊んでみました!

輪の大きさや回るスピードに気を付け、少しずつ調整ができるようになりました。

『アルプス一万尺』(作詞／不詳　アメリカ民謡)のメロディーで　作詞／小倉和人

まーえに　すすんで　うしろに　さがって　ぐるぐる　まわって　おどりま　しょう

ラン　ラララ　ラララ　ラン　ラララ　ラララ　ラン　ラララ　ラララ　ラララ　ラ　ヘイ!

友達に触れるって楽しい!

ぐるぐるポン!

なるほど解説

友達への関わり方を知る

友達に触れる場面が多くあるので、相手にどのように接したらいいのか理解していきます。最後のハグで緊張感から解き放たれ、「次のお友達としよう!」と自発的に動くようになるでしょう。

遊びを通して	友達との関わり、ふれあいを楽しむ

3歳児 歌あそび ぐるぐるポン!

二人組になって『ごんべさんのあかちゃん』の替え歌で遊ぶ

①♪とんとん　パチパチ　ぐるぐる　×4回
手拍子を2回する。

とんとん

あそびのコツ

まずは一人で遊んでみましょう。

あそびのコツ

ゆっくりとしたテンポで歌いましょう。

パチ パチ

相手とタッチを2回する。

ぐる ぐる

かいぐりをする。

②ポン!(ギュ～ッ!) ①に戻って、2回目以降を繰り返す。

1回目 相手の頭に両手を乗せる。

ポン!

2回目 相手の肩に両手を乗せる。

ポ ン !

3回目 相手の頰に両手を当てる。

ポン!

4回目

ハグをする。

ギュ～ッ!

展開のカギ

全員で輪になって同じ方向を見て遊んでみよう

前の友達の頭、肩などに後ろから手を乗せて遊んでみましょう。

※「パチパチ」では、前の子どもの背中をタッチします。

とんとん

ポン!

遊んでみました!

友達と向かい合わせになることで顔が見られて、子どもたちは大喜びでした。

※『ごんべさんのあかちゃん』(作詞/不詳 アメリカ民謡)のメロディーで 作詞/小倉和人

3歳児
+異年齢児

友達への思いやりをもってともに喜ぼう！

まんまる
ツンツンツン！

遊びを通して　ルールの共有と友達とのふれあいを十分に楽しむ

なるほど 話

先を見通せる遊びを
経験する

円になると、誰かが引っ張られ、誰かが転んでしまう…そんな経験はありませんか。「今からおもしろいこと、楽しいことが始まるよ」と期待感を持つことができれば、そのようなことは少なくなります。先の見通せる遊びになるといいですね。

『いとまき』の替え歌で遊ぶ

① ♪てとてをつないで　てとてをつないで
　おおきなまるに　なりましょう

3歳児と異年齢児がランダムに
手をつないで輪になり、
輪の中に数人の子どもが入る。

あそびのコツ

初めは中央に保育者が座って遊びましょう。

② ♪でーきた　できた
　おおきなまるに
　なりました！

歌いながら広がり、
大きな円になる。
大きな円になるまで
②の歌詞を繰り返し歌う。

♪おおきなまるに　なりました！

③ ♪ちいさくなーって
　　ちいさくなーって
　　ちいさなまるが
　　できました

中央にいる子どもたちに
近づいて、
小さな円になる。

♪ちいさなまるが　できました

展開のカギ

異年齢児の幅を広げ、どの年齢とも遊べるようになればいいでしょう。また、自由遊びのときに他クラスと関わりを持って遊んでみるのもいいでしょう。

④ ♪きーたぞ　きたぞ
　　みんなのおなかに　ツンツンツン!

歌の後に、ツンツンやコチョコチョをする。

ツンツン!

コチョコチョ〜!

『いとまき』（作詞・作曲／不詳）のメロディーで
作詞／小倉和人

1. てとてをつないで　てとてをつないで　おおきなまる　に　なりましょう
2. ちいさく なーって　ちいさく なーって　ちいさなまる が　できまし　た

で　ー　きた　で　きた　おおきなまる に　なりました!
きーたぞ　きたぞ　みんなのおなかに　ツンツンツン!

遊んでみました!

3歳児と4歳児でしました。輪の大きさが変わることをとても喜び、ツンツンと優しくしたり勢い良くしたりとそれぞれに楽しみました。

3歳児+異年齢児

歌あそび　まんまるツンツンツン!

65

友達との関わりを深めよう！

こぶたぬきつねこ でふれあいあそび

遊びを通して　遊びの理解と友達を認める

なるほど解説
友達との関係性や協調性を深める
ふれあうことこそ、関係性や協調性を深めていく足がかりになるでしょう。ネコポーズでは恥ずかしさなどが見え隠れします。繰り返し楽しむことで少しずつ自分の表現をすることができるでしょう。

展開のカギ
● 友達を替えます。
● 親子で楽しみます。

こぶた♪

『コブタヌキツネコ』の歌で遊ぶ

① ♪こぶた
互いの鼻を指で押さえる。

♪こぶた

あそびのコツ
子ども同士で楽しみながら大胆に遊んでみましょう。

② ♪たぬき
おなかをくっ付ける。

♪たぬき

③ ♪きつね
おしりをくっ付ける。

♪きつね

④ ♪ねこ
全身でネコポーズ
（ひざを曲げるなど、
自分で考えたものでOK）。

♪ねこ

遊んでみました！
きつねでお尻をくっ付けるのが楽しくて、すぐにくっ付けに行っていました♪

※『コブタヌキツネコ』（作詞・作曲／山本直純）

友達とのふれあい楽しいな!

キュッ・ピッ・ポン!

遊びを通して　ふれあうことで友達との関係性を深める

『山の音楽家』の歌で遊ぶ

遊んでみました!

友達と頬をスリスリするのが、楽しいようで喜んでいました。

① ♪わたしゃおんがくか
　やまのこりす

二人組で向かい合わせになり、手拍子をする。

♪ わたしゃ おんがくか
　やまの こりす

② ♪じょうずにバイオリン
　ひいてみましょう

相手と両手タッチを繰り返す。

♪じょうずに
バイオリン〜

③ ♪キュキュキュッキュッキュッ ×4回

相手の頬をリズミカルにスリスリする。

♪キュキュ
キュッキュッキュッ

④ ♪いかがです

両手で握手する。

♪いかがです

展開のカギ

他の動物で③の動きを考えてみましょう。
（例）
ことり／♪ピピピッピッピッ
…相手をツンツンする
たぬき／♪ポコポンポンポン
…交互に相手のおなかを軽くたたく

♪ピピ ピッピッピッ　♪ポコ ポンポンポン

※『山の音楽家』（ドイツ民謡　訳詞／水田詩仙）

3~4歳児

友達に触れるときの力加減を知ろう！

やおやさん

遊びを通して　信頼関係を深める

なるほど解説

まねから始まり、楽しさを深める

まねから始まって楽しみを感じ、ふれあいを喜んでいくことで遊びの楽しさを深めていきます。また、関わりの中で友達に触れることは、力の加減を知ることにつながります。手をつないだり、異年齢のお世話をしたりするなどは、生活する中で重要なことでしょう。

❶ 二人組になって、『八百屋のお店』の歌で遊ぶ

① ♪やおやのおみせにならんだ
手拍子をする。

パチパチ

② ♪しなものみてごらん
両手で双眼鏡を作って、のぞく。

③ ♪よくみてごらん
右手の人さし指であちこちを指す。

④ ♪かんがえてごらん
腕を組んで、首をかしげる。

※『八百屋のお店』(作詞／不詳　フランス民謡)

② 保育者が品物の名前を挙げていき、子どもたちはその品物の動きを互いにする

一通りやり終えたら、二人組を変えて繰り返し遊びましょう。

① ダイコン
足を「モミモミ」→続ける

② スイカ
おなかを「ポンポン」→続ける

③ ゴボウ
手を握り合って
「ギューギュー」→続ける

④ キュウリ
鼻をつまんで
「きゅ〜っ」→続ける

きゅ〜っ

遊んでみました！
相手のことを考えながら遊べるように声を掛けながら進めました。

⑤ ギョウザ
耳を畳んで
「あ〜っ あ〜っ」→
残念がる（おしまい）

あ〜っ あ〜っ

展開のカギ

十分に遊んだら、年長児と遊んだり、保育参観で保護者と遊んだりしても楽しいでしょう。また、園児用イスを使ったり、正座をしたりして体勢を変えてもいいですね。

あそびのコツ
まず、一人で遊んでみましょう。

3~4歳児

目玉をくっ付けるのが楽しい♪

わにさん ギョロロ？

なるほど解説

共通ルールを理解
して一緒に遊ぶ

二人でタイミングを合わせて取り組むこと、共通のルールを理解して誰とでも遊びを楽しむことが大切です。まだ仲の良い友達ばかりを選んでしまいがちな年齢なので、「一緒にしよう！」と子ども自身が声を出す姿にも注目です。そのような子どもの成長が見られるといいですね。

遊びを通して　二人組をつくり、一緒に遊ぶ

3~4歳児

歌あそび

わにさんギョロロ？

① 二人組になって『わにのうた』で手遊びをする

① ♪わにが　およぐ
　2回手拍子。

♪わにが

友達と2回タッチ。

♪およぐ

② ♪わにが　およぐ
　①と同じ。

③ ♪めだまを　だして
　①と同じ。

④♪めだま　ぎょろろ

手を目に当てて目玉に見立て、「ぎょろろ」で目玉同士をくっ付ける。

♪めだま
ぎょろろ

⑤♪めだま　ぎょろろ

④と同じ。

⑥♪およいで　いるよ

①と同じ。

遊んでみました！

友達と顔を近づけるのが楽しそうでした。次の友達を探すのに、ワニになり切り両手を広げハグをするのは、照れながら笑顔でした。

② **ワニになって散歩する**

保育者の合図でワニになり散歩をします。新しいワニと出会ったら、手をワニの口に見立て、大きく開いてハグをします。繰り返し遊びます。

ギュ〜〜ッ

展開のカギ

3人組にするなど、変化をつけて遊んでみましょう。

『わにのうた』　（作詞／上坪マヤ　作曲／峯　陽）

1. わにが　およぐ　わにが　およぐ　めだまを　だして　ー
めだま　ぎょろろ　めだま　ぎょろろ　およいで　いるよ　ー

71

3~4歳児

友達の池をくぐり抜ける！

ちゃっぽんおいけ

遊びを通して　自分たちのタイミングで遊びを進める

な　ほ　解

**ルールを理解して
進んで取り組む**

歌い終わったらくぐり抜け、「か〜わって！」の合図で交代するなど、簡単なルールを理解し、進んで取り組む遊びです。一人だと自分のタイミングですが、ここでは友達と合わせて遊びます。自分たちでどんどん遊びを進めていくことができればいいでしょう。

① 二人組で池をつくる　※20人設定

二人一組で遊びます。
7組は広がって向かい合わせになり、
両手をつないで足を合わせて広げて座り、池になります。
残りの3組は手をつないで好きな池に行きます。

どのいけにしよう？

※『なべなべそこぬけ』（わらべうた）のメロディーで　作詞／小倉和人

❷ 『なべなべそこぬけ』の替え歌をうたって池に入る

「♪ちゃっぽん　ちゃっぽん　おいけ　おみずがかかってさぁたいへん」と歌い、またいで池の中に入り、腕と足の間を通って外に出ます。
同じ動きを2回繰り返し、「か〜わって!」と言って役を交代します。

※初めは一緒に歌い、慣れてきたら後は個々のタイミングで歌いましょう。
※池に入るときは、片側からでも両側からでもどちらでもOK。

遊んでみました!

二人で声を掛け合うところでは、「か〜わって!」「いいよ」「どうぞ」など、子どもたち同士でやり取りを楽しみました。

♪ おみずがかかって さぁ たいへん

よいしょ!

展開のカギ

水の生き物に変身してみましょう。役割を交代した池の子どもたちが変身して場所を移動します。

カエル

3~4歳児

友達とのふれあいが楽しい♪

ふれあいクシャン!

**動きを合わせて
達成感を味わう**

二人で動きを合わせて楽しむことがこの遊びでのねらいです。その中で、動物の特徴を捉えたいろいろな大きさや形のマスクを表現していきます。力を合わせて「できた!」ときの達成感も子どもたちの喜びの一つでしょう。

遊びを通して 体を大きく動かして遊ぶ

二人組になり『こんこんクシャンのうた』の歌で遊ぶ

1番(リスさん・小さいマスク) ※慣れるまで1番を繰り返しましょう。

① ♪リスさんが マスクした

向かい合わせで手をつなぎ、リズムを取る。

♪リスさんが
マスクした

② ♪ちいさい ちいさい ちいさい ちいさい マスクした

手をつないだまま互いに近づき、しゃがんで小さくなる。

♪ちいさい
ちいさい

③ ♪コンコンコンコン クシャン

「クシャン」でジャンプし、バイバイする。
違う友達と二人組になり、繰り返し遊ぶ。

クシャン

バイバイ

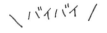

2番（つるさん・ほそいマスク）

つないだ手を上げて互いに背伸びし、「クシャン」で離れる。

3番（ぶうちゃん・まるいマスク）

手をつないで丸をつくり、しゃがんでジャンプ。

4番（かばさん・おおきいマスク）

つないだ手を縦にして大きな丸をつくり、しゃがんでジャンプ。

5番（ぞうさん・ながいマスク）

右手同士で握手した手をゾウの鼻のように上下に揺らし、しゃがんでジャンプ。

遊んでみました！

知っている歌に合わせて小さくなったり背伸びをしたり友達とくっ付いたりするのが、楽しそうでした。最後は思いっ切りジャンプをしてみんなで笑い合っていました。

展開のカギ♀

3人組、4人組など、人数を増やして遊んでみましょう。

※『こんこんクシャンのうた』（作詞／香山美子 作曲／湯山昭）

75

3〜4歳児

友達とのふれあいと関わりが楽しい♪

ぐるぐるドン

遊びを通して 遊びを共有し、友達を意識する

なるほど解説

仲間意識が芽生えるように

なじみの曲で遊ぶだけでも共有していることになりますが、その中でふれあったり友達と関わりをもったりすることで仲間意識が芽生えるでしょう。ふだんから友達との関わりをもつ機会を取り入れることで、スムーズな園生活を送ることができ、小学生になっても仲間意識をもち続ける心の育ちにつながっていきます。

二人組で『いとまき』の替え歌で遊ぶ

① ♪ぐるぐるまわって　ぐるぐるまわって
向かい合わせで手をつなぎ回る。

② ♪ちいさくなって　1・2・ジャンプ
しゃがんでからジャンプ。

③ ♪できたできた　手拍子をする。

『いとまき』（作詞／不詳　外国曲）のメロディーで　作詞／小倉和人

ぐるぐる　まわって　ぐるぐる　まわって　ちい　さくなっ　て　1・2・ジャンプ

で　ー　きた　できた　○○○○　は　いタッチ「よーいドン」

④♪○○○○ はいタッチ 「よーいドン」

体の一部でタッチ。「よーいドン」で5秒間押し合って力比べをする。

手と手で

よーいドン

背中と背中で

足の裏で

展開のカギ

3人組、4人組で遊んでいくとより盛り上がり、楽しめるでしょう。

遊んでみました！

力比べでは友達に負けないように力を入れて頑張っていました。次第に、足の踏ん張り方も分かってきたようでした！

最後のお尻でタッチがおもしろい!

お友達とアリまぁ!

なるほど解説

友達との関わりを深める

友達との関わりや協調性など、二人で遊ぶ中で成長する姿が見られます。友達とタイミングを合わせるためになじみの歌を使う、一緒におもしろさを共有する、というねらいも含みながら遊んでみましょう。

遊びを通して いろいろな友達と関わりをもつ

二人組で『おつかいありさん』の歌で遊ぶ 相手を替えて繰り返し遊びましょう。

① ♪あんまりいそいで　こっつんこ

自分の膝を2回タッチ、相手と2回タッチ。×2回

♪あんまり

♪いそいで

② ♪ありさんとありさんと
　　こっつんこ

①と同じ。

遊んでみました!

お尻でタッチするとき、笑い声が聞こえるほど、楽しく遊ぶことができました。簡単な遊びなので、異年齢でも遊んでみたいと思います。

③ ♪あっちいって　ちょんちょん

1本指を出して、相手と指先で2回タッチ。

♪ちょんちょん

④ ♪こっちきて　ちょん

後ろを向いて、お尻でド~ンとタッチ。

♪ちょん

展開のカギ

繰り返し遊んで慣れてきたら、3人に増やしてもおもしろいでしょう。

♪ちょん

※『おつかいありさん』(作詞／関根栄一 作曲／團伊玖磨)

4~5歳児

タイミング良くできるかな？

せなかでピッ！

遊びを通して　友達と力とタイミングを合わせる

なるほど解説

3人組で協力し合って

二人組で背中合わせになって同時に立つことは大人でも難しいものです。どちらか一方の力が強いと、うまく立つことができません。この遊びは3人組というところがポイントです。力を分散させることで、少しの力でも協力し合って立ち上がることができます。

3人一組で『まつぼっくり』の歌で遊ぶ

手をつないで輪をつくります。

① ♪まつぼっくりが　あったとさ

右回りをしながら「さ」でジャンプする。

あったとさ♪

② ♪たかいおやまに　あったとさ

左回りをしながら「さ」でジャンプする。

③ ♪ころころころころ　あったとさ

背中合わせで座り、互いに腕を組み合った状態で三角座りをする。

④ ♪おさるがひろって　たべたとさ

「さ」で背中を合わせて、立ち上がる。

※3人組を変えて、同様に遊びます。

遊んでみました！

すぐに動きを覚えて遊べました。最後に座ってから立ち上がれたときは、「できた!」と喜び合っていました。

展開のカギ

4人組、5人組でも試してみましょう。

あったとさ♪

※『まつぼっくり』（作詞／広田孝夫　作曲／小林つや江）

4~5歳児

しっぽを取った取られたのドキドキ！

でんでん しっぽとり

4~5歳児

歌あそび

でんでんしっぽとり

なるほど解説

活動量の多い 室内遊びを
雨で戸外に出る機会が少ない時季でもできる活動量の多い遊びです。歌い終わりがスタートの合図になり、自分たちで遊びを進めることができます。ルールの理解を十分に行ない深めていくといいでしょう。

遊びを通して 自分たちでスタートの合図を切る、友達との関係性、運動量の増加

準備物

フェイスタオル

① 二人組になって『かたつむり』の歌で遊ぶ

※フェイスタオルをズボンに挟んでしっぽにします。最初にしっぽ役とオニ役を決めておきます。

①♪でんでん　むしむし
手拍子2回、相手とタッチ2回。

♪むしむし

オニ　でん でん　　しっぽ

②♪かたつむり　　①と同じ。

③♪おまえのあたまは　どこにある　　①と同じ。×2

④ ♪つのだせ
両手の人さし指を立て上にあげる。

⑤ ♪やりだせ
両手で顔を隠す。

⑥ ♪あたまだせ
「せ」で顔を出し、しっぽ取りスタート。座ったまま移動する。

\　せ　/

まて〜！

② しっぽを
取られたら負け

しっぽを取られたらオニと役を
交代して同様に遊びます。
終わったら新しい二人組をつ
くって繰り返します。

※「かたつむり」（文部省唱歌）

遊んでみました！

しっぽ取りの経験をして
いる子どもたちでし
たが、座って動くので
は運動量が大違いで
した。子どもたちは息
が切れつつも楽しそう
な表情でした。

展開のカギ🔑

スピードアップしてみま
しょう。チーム対抗にして
遊ぶと盛り上がります。

赤の勝ちー！
あか　しろ
5　4
やったー！

よし、うまくできたぞ〜っ！

ぞうさんタッチ

遊びを通して 順序を覚え、体を動かす

動きを覚えて友達と一緒に

頭と体をうまく連動して友達と一緒に遊びます。初めは一つひとつの動きを覚えることに重点を置きながらも、"間違えても大丈夫" という雰囲気をつくりながら繰り返し遊ぶと楽しめるでしょう。一人ひとりが共通のルールで楽しみ、自分から関わりをもとうとする姿をしっかり見守りましょう。

二人組で『ぞうさん』の歌でタッチ遊びをする

①♪ぞうさん
自分の膝に1回タッチ。

相手とタッチ1回。

手を上げて相手とタッチ1回。

②♪ぞうさん　①と同じ。

③ ♪ <u>おはなが</u>

♪ お

♪ は

♪ なが

自分の膝に1回タッチ。

手を交差させて相手とタッチ1回。

手を上げて相手とタッチ1回。

④ ♪ <u>ながいのね</u>　③と同じ。

⑤ ♪ <u>そうよ</u>

♪ そ

♪ う

♪ よ

自分の膝に1回タッチ。

相手と手の甲でタッチ1回。

手を上げて相手とタッチ1回。

⑥ ♪ <u>かあさんも</u>　⑤と同じ。

⑦ ♪ <u>ながいの</u>　①と同じ。

⑧ ♪ <u>よ</u>　　①と同じ。

展開のカギ

スピードアップしてみましょう。

遊んでみました！

初めは難しそうにしていましたが、息を合わせるために友達を意識して見るようになってからは、楽しそうに取り組んでいました。

※『ぞうさん』（作詞／まど・みちお　作曲／團伊玖磨）

4〜5歳児

歌あそび

ぞうさんタッチ

4〜5歳児

タヌキになって移動!

ぽんぽこタヌキ の大移動

遊びを通して　友達との関係性を深める

なるほど解説

**友達が変われば
遊び方も変化する**

その場でつくった3人組でリズムや息を合わせながら遊びを進めていきます。同じ内容で繰り返し遊びますが、友達が変わればリズムの取り方、タイミングの合わせ方などが違ってきます。同時に、変化を楽しむことができます。遊ぶ時間は長く取らずに、日々少しずつ遊ぶことに重きを置きましょう。

3人組になって『げんこつやまのたぬきさん』の歌で遊ぶ

① ♪げんこつやまの　たぬきさん
手拍子2回、隣の友達にタッチ2回。×2

♪げんこつ

♪やまの

② ♪おっぱいのんで　ねんねして
手をつないで回り、最後にジャンプ。

♪おっぱいのんで
ねんねして

84

③ ♪だっこして
前向きで抱っこポーズ。

だっこして ♪

④ ♪おんぶして
後ろを向いておんぶポーズ。

おんぶして ♪

タヌキになって違う場所へ照れながら移動する姿がかわいかったです。一組の人数を増やすと、ルールをよく理解している子どもが声を掛けながら遊びを進めていました。

⑤ ♪またあした
かいぐりをしてから、グーかパーを出す。

一人だけ違うものを出していれば…

おなかをポンポコ鳴らすしぐさをしながら別の場所へ移動し、同じように遊ぶ。
※3人とも同じものを出した場合は、そのまま続けて遊びます。

いっしょにしよう

ポンポコ…

展開のカギ

人数を増やし（奇数）、グーパーの区別、数の多い・少ないを判断してみましょう。

※『げんこつやまのたぬきさん』（わらべうた）

4〜5歳児

歌あそび

ぽんぽこタヌキの大移動

息を合わせてやってみよう！

4〜5歳児 ふたりで とん・パチ

なるほど認
目標を共有し協調性を育む
二人で最後までリズムよくできるかという目標を共有し、共に力を合わせて活動する協調性を育てていくきっかけとなるでしょう。ゆっくりとしたリズムで順序よく遊んでみましょう。

遊びを通して 二人の呼吸を合わせて協力して遊ぶ

① 二人一組で手遊びをする

あそびのコツ
①を繰り返し遊んでから、②の遊びも加えてみましょう。

とんとん　パチパチ
2回手拍子する。 とんとん

相手と2回タッチする。 パチパチ

遊んでみました！
4歳児は間違えないように覚えようと体でリズムを刻みながら楽しんでいました。5歳児はすぐに流れを覚えることができました。

② 「とんとん」→「○○」→「パチ」

「とんとん」と「パチ」の間に動きを一つ入れます。
保育者の掛け声に合わせて、それぞれの動きをします。

「とんとん」「ほっ!」「パチ」
ほっぺを1回タッチする。 ほっ!

「とんとん」「ブーッ!」「パチ」
鼻を1回タッチする。 ブーッ!

「とんとん」「シュッ!」「パチ」
おでこの髪の毛を1回かき上げる。 シュッ!

4歳児 フープ移動方式

準備物

フープ
●ランダムにフープを配置する。

フープに入って『ふたりでとん・パチ』をします。
●間違えた子ども→別のフープへ移動
●成功した子ども→フープで待機
●二人とも成功／間違い→二人とも別のフープへ移動
新しい二人組で繰り返し遊びます。

ブーッ！

できた！

まちがえ
ちゃった！

遊んでみました！

勝敗ではないということを伝えると、「まちがえちゃった」と笑いながら移動し楽しんでいました。

5歳児 宝取り方式

準備物

フープ、宝物（玉入れの玉やお手玉　など）、カゴ

2チームに分かれます。前方のフープが空けば入り、向かいの相手と『ふたりでとん・パチ』をします。
●間違えた子ども→フープから出て戻る
●成功した子ども→宝物をゲットして戻る
●二人とも成功　→二人とも宝物をゲットして戻る
●二人とも間違い→二人とも戻る

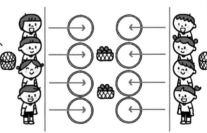

パチ！

たからもの！

遊んでみました！

"成功したら宝物がもらえる"という新ルールが加わったので、子どもたちも少し緊張しながら遊んでいました。

4〜5歳児

歌あそび

ふたりでとん・パチ

3・4・5歳児

楽しみながら仲間集めで数の理解♪

やおやで バッタリ!!

なるほど解説

年齢に応じた育ちがある

異年齢での関わりであるからこそ、文字と数の概念を理解する5歳児、それに伴い関わりをもつ楽しさを感じる3歳児、5歳児の姿を見て一緒に考えて行動する4歳児など、様々な視点からの育ちがあります。

遊びを通して 数の概念を知り、文字の数と人数を合わせる

『八百屋のお店』の歌で遊ぶ

「♪考えてごらん」の後に保育者が野菜（果物）の名前を言います。子どもたちは文字の数と同じ人数で集まり輪を作って座ります。
繰り返し遊び、保育者が最後に「ン」の付く野菜（果物）の名前を言ったら、全員で手をつないで丸になります。

♪かんがえてごらん

野菜・果物の名前（例）

2文字		
●ネギ	●クリ	●ナシ
●ナス	●モモ	

3文字		
●トマト	●イチゴ	
●スイカ	●リンゴ	
●オクラ		

4文字		
●カボチャ	●タマネギ	
●キュウリ	●アボカド	
●タケノコ		

5文字		
●サツマイモ	●ズッキーニ	
●ジャガイモ	●サクランボ	

6文字
●トウモロコシ
●パイナップル
●アスパラガス
●ブロッコリー
●ホウレンソウ

7文字
●キウイフルーツ
●スターフルーツ

8文字
●グレープフルーツ
●ドラゴンフルーツ

最後が「ン」
（全員）
●ミカン
●ピーマン
●ダイコン
●ニンジン
●レンコン

タマネギ！

クリ！

あそびのコツ

初めは少ない人数からチャレンジしてみよう。

ミカン！

遊んでみました！

3歳児は初め、5歳児に引っ張られて座っていましたが、繰り返すうちに手をつなぎたい相手を自分から探して楽しそうでした。「ン」が付くときは、とてもうれしそうでした。

展開のカギ

グループになったら、その場でできる遊び（『なべなべそこぬけ』や『トントンパチパチ』を繰り返す　など）をして関係性を深めていきましょう。

なべなべそこぬけ

※『八百屋のお店』(作詞／不詳　フランス民謡)

3・4・5歳児

楽しい時間を共に過ごせる!

ひざひざトントン

遊びを通して 友達と合わせようとする姿、タイミングを計る

なるほど解説

ルールを共通理解する

子ども同士の関係性も深みを増す時期に、「4人組でいつもと違う動きをプラスしたリズム遊び」という新たな楽しみが良い刺激になるでしょう。ルールを共通理解していれば、メンバーを替えたり、「こんどはケンケンだ!」など他の動きに替えたりしてもスムーズに遊べます。

4人組で『グーチョキパーでなにつくろう』の替え歌で遊ぶ

① ♪ひざひざトントン　ひざひざトントン
自分の膝を2回タッチ、両側の友達と2回タッチ。×2回

ひざ　ひざ

♪トントン

遊んでみました!

5歳児は、3・4歳児が一人でいると「どうする?」と一緒に考えて4人組をつくれるようにしていたのが、ほっこりしました。

あそびのコツ

初めは保育者を含む10人ぐらいの輪で、みんながルールを理解できるようにしましょう。

② ♪てをつなごう　てをつなごう
手をつないでリズムを取る。

③ ♪ジャンプでまわろう　ジャンプでまわろう
ジャンプをしながら回る。

♪てをつなごう

♪ジャンプで
まわろう

④ ♪ではまた　さようなら
リズムを取り、「さようなら」でお辞儀をしてからバンザイ。

さようなら♪

バンザイ！

展開のカギ

③「♪ジャンプでまわろう」を、「♪しゃがんでジャンプ」（小さくなってジャンプ）、「♪みぎあしケンケン　ひだりあしケンケン」に替えてみましょう。

♪ひだりあし
ケンケン

3・4・5歳児

ひげが伸び〜る？

スーパーひげじいさん

なるほど解説

なじみの手遊びを通して関係性を深める

知っている手遊びを基にして遊ぶ機会をつくると、子どもたち自身が関わりや関係性を深めようとしていきます。初めは恥ずかしさからうまくできなくても、繰り返し遊ぶことで、気の合う異年齢の友達をつくる橋渡しとなればいいでしょう。

遊びを通して 異年齢の関係性を少しずつ深める

3人組で『とんとんとんとんひげじいさん』の手遊びをする

※最初にリーダー役を決めておきます。

① ♪とんとんとんとん　ひげじいさん　「ひげじいさん」

（全員で）両手をグーにして交互にたたく。

♪とんとん
とんとん

（リーダー）顎の下にグーを重ねてひげをつくる。

ひげじいさん

（他の二人）「ひげじいさん」と言いながらリーダーのグーにグーを添える。

② ♪とんとんとんとん　〇〇さん　「〇〇さん」
①と同様に、リーダーの後に他の二人が続けてグーを添える。

こぶじいさん　グーを頬に添える。

こぶじいさん

てんぐさん　グーを鼻に添える。

てんぐさん

めがねさん
めがねを重ねる。

めがねさん

遊んでみました！

知っている手遊びだったので、すぐに理解して遊べました。手でつくった形を友達に付けることを楽しんだり、ハグをするのは、照れながらもうれしそうにしていたりと、距離がぐっと近づいたように思います。

③ ♪とんとんとんとん　てはうえに
3人で手を上げてタッチする。

♪ては
うえに

④ ♪きらきらきらきら
てはおひざ
3人でハグをする。

※ハグの後は異なる3人組をつくって繰り返し遊びます。

展開のカギ🔑

2人組や4人組など、人数を変えて遊んでみましょう。

ひげ
じいさん

※『とんとんとんとんひげじいさん』(作詞／不詳　作曲／玉山英光)のメロディーで　一部作詞／小倉和人

3・4・5歳児

リズムが取れるとうれしい！ おもしろい！

タッチで チャチャチャ

なるほど解説
リズムを合わせて遊ぶ
友達とリズムを合わせることが大切です。初めはうまくいかなくても、ゆっくり繰り返し遊んでいくうちに互いのリズムが合ってきます。リズムが合ってくるとテンポも上がります。子どもの様子を見ながら進めていくといいでしょう。

遊びを通して 二人でリズムを合わせふれあいあそびを楽しむ

二人組になって『おもちゃのチャチャチャ』の歌でリズム遊びをする

① ♪おもちゃの
手拍子を2回する。

♪おもちゃの

② ♪チャチャチャ
タッチを3回する。

♪チャチャチャ

③ ♪おもちゃの　チャチャチャ
①②を繰り返す。

あそびのコツ
ゆったりとしたリズムで繰り返しましょう。

※『おもちゃのチャチャチャ』（作詞／野坂昭如　補作詞／吉岡治　作曲／越部信義）

④♪チャチャチャ
②と同じ。

⑤♪おもちゃの
①と同じ。

⑥♪チャッチャッチャッ
②と同じ。

⑦♪そらにキラキラ　おほしさま
両手をつないで回り、「おほしさ」でしゃがんで「ま」でジャンプする。

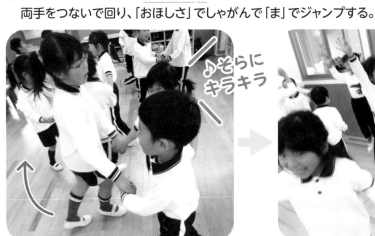

♪そらに
キラキラ

♪おほしさま

⑧♪みんなすやすや　ねむるころ
⑦と同じ（反対に回り、「ろ」でジャンプする）。

⑨♪おもちゃははこを　とびだして
向かい合わせで顔を見合いながらその場で駆け足をし、「て」でジャンプする。

♪おもちゃははこを
とびだし

♪て

⑩ ♪おどるおもちゃの
手をつないでゆらゆら揺れる。

⑪ ♪チャッチャッチャッ
②と同じ。

⑫ ♪おもちゃの　チャチャチャ
①②を繰り返す。

⑬ ♪おもちゃの　チャチャチャ
①②を繰り返す。

⑭ ♪チャチャチャ
②と同じ。

⑮ ♪おもちゃの
①と同じ。

⑯ ♪チャッチャッチャッ
②と同じ。

遊んでみました!

手拍子とタッチが混ざりながらも楽しそうでした。⑨のその場で駆け足は全力で行なうので、息が切れるほどクタクタでしたが、充実した表情が印象的でした。

展開のカギ

3人組など複数で遊ぶのも楽しいです。

第3章

ゲームごっこ

ルールのある遊びを通して、友達とのやり取りを経験したり、
互いに協力したりする機会が生まれます。
楽しく、思いやりも育みながら遊びましょう。

目標へ進む気持ち！

バトンゲット

遊びを通して　ルールを理解し、みんなと楽しむ

なるほど解説

目標と着地点
一つの目標があると取り組みやすいです。子どもの中で着地点を把握できるからです。友達の姿もよく見ながら、じっくり遊んでみましょう。

準備物

マット、リングバトン（代用品でも可）、フープ、カラー標識

オニに捕まらないようにリングバトンをゲットする

6名程度でスタートし、前方にあるリングバトンを取りに行きます。
マットかフープに入るとオニ（保育者）から身を守れます。
オニから逃げてリングバトンをゲットし、ゴールを目指します。

あそびのコツ

オニは子どもを捕まえずに遊びましょう。

マットは何人入ってもOK

フープに入れるのはふたりまで

スタート

ゴール

展開のカギ

マットとフープの数を減らし、
ワクワク感を増やしてみましょう。

つかまっちゃう〜！

よーい

スタート！

ゴール！

遊んでみました！

繰り返し遊ぶ中で
マットとフープは安全
ということが分かり、
オニから逃げながら
バトンを取りに行くこ
とを楽しみました。

3歳児　ゲームごっこ　バトンゲット

共通のルールを理解しよう！

うず電

遊びを通して ルールを理解して、友達との関わりを楽しむ

なるほど解説

遊びの中で順序を守る

勝ってフープに入るのではなく、次以降に入れることをルールとしています。一方で、順序を守る要素も含まれています。順序正しく秩序を守ることも遊びで習慣づくといいですね。

準備物

フープ（なしでもOK）、
カラー標識、ロープ（渦巻き用）
● 渦巻き電車の線路を描く。

① 外駅と中駅に分かれて、フープ電車に乗り出発する

運転士はフープの中に入り、お客さん（A）は外側からフープを持ち、電車になります。
中駅の電車は外駅へ、外駅の電車は中駅へ向かって、それぞれスタートします。

あそびのコツ

渦巻きの幅を広めに取り、線を明確にします。

遊んでみました

途中で出会う電車同士、挨拶をしながらすれ違うようになり、ほほえましかったです。

❷ 駅に着いたら、運転士と駅で待つ
お客さんがジャンケンをする

それぞれの駅に着いたら、駅の先頭で待つお客さん（B）と、運転士がジャンケンをします。運転士が勝てば、そのまま折り返して元来た駅へ向かい、負けたお客さん（B）は列の後ろに回ります。運転士が負ければ、お客さん（B）はフープの外側に、お客さん（A）がフープに入り運転士になって進みます。

展開のカギ 🔑

人数と電車の数を増やして遊べます。

ジャンケン
ポン

ジャンケンポン

まけた～

かった～

〈 運転士が勝った場合 〉

お客さんBは
列の後ろへ

そのまま折り返す

お客さん　　お客さんA　運転士

〈 運転士が負けた場合 〉

運転士が
列の後ろへ

お客さん　　お客さんBは
電車に乗る
（お客さんAの位置）　お客さんAが
運転士に

3〜4歳児

みんなで息を合わせて！

フープでちゃつぼ

遊びを通して　ルールを共有し、楽しく遊ぶ

なるほど解説

周りを見てタイミングを合わせる

自分だけのリズムではなく、友達と合わせることが大切です。そのためには、友達を見たり、声を掛けたり、タイミングを計ったりと様々なポイントがあります。遊びの中で瞬時に判断して取り組んでいくことで、これからの育ちにアクセントを加えていけるといいですね。

準備物

フープ（3人または4人で1本）
● フープをランダムに置く。

① 合図で3〜4人でフープを持つ

合図で散歩スタート。次の合図で3〜4人で一つのフープを持ちます。

② 『ちゃつぼ』の歌で遊ぶ

①♪ちゃちゃつぼちゃつぼ
…フープを持ってギャロップで回る。
②♪ちゃつぼにゃふたがない
…①と反対に回る。
③♪そこをとってふたにしよ
…②と反対に回る。

♪ちゃつぼにゃふたがない

③ フープの中に入る

最後はみんなでフープを持ってバンザイをし、「3・2・1・0」と数えて手を離し、
フープの中に入ります（フープが蓋の役割）。散歩から再びスタートし、繰り返し遊びます。

3・2・1・0

はいった〜！

あそびのコツ

まずは、一人でフープを持ち
上げて手を離して入る遊びを
しましょう。

遊んでみました！

ギャロップが難し
い3歳児がいた
ので、4歳児と一
緒に遊びました。
まねをして、次第
に上手になってい
ました。

展開のカギ

**異年齢で遊んで
みよう**

タイミングの取り方、気
配りなどに気付くきっ
かけになるでしょう。

ゆっくり
まわろう！

※「ちゃつぼ」（わらべうた）

3~4歳児

ペーパー芯を倒さないように…

のせのせゲーム

遊びを通して 調整力をつける、小グループでの活動を充実させる

なるほど解説

助け合いの気持ちを大切にする

バケツの上にペーパー芯を積み上げるだけなら一人でもできます。この遊びのポイントは、ペーパー芯が倒れたときにチーム全員で協力して立て直すところです。友達の姿をきちんと見守っていないと、すぐに助けに行けません。子どもたちが助け合う気持ちを大切にし、育んでいきましょう。

バケツの上にペーパー芯を立てる

3~5人でチームになり、ペーパー芯を持って一人ずつスタート。
バケツの上に芯を立てて置いたら、スタート地点まで戻って次の子どもにタッチします。
ペーパー芯がなくなるか、時間になったら終了です。
立っているペーパー芯の数が多いチームが勝ちです。

準備物

バケツ、ペーパー芯、かご
● バケツをひっくり返して並べる。
● かごにたくさんのペーパー芯を入れる。

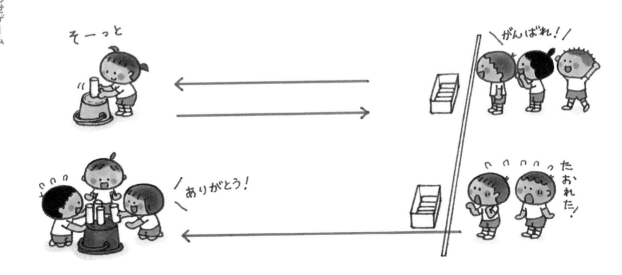

そ〜っと…

たおれそう！！

※ペーパー芯が倒れたら、チーム全員で協力して立て直します。

遊んでみました

バケツの代わりにいろいろなイスを使って遊びを展開しました。身近な物を活用して遊ぶと盛り上がります。

展開のカギ

バケツの下に座布団などを敷くことで少し不安定になり、難易度が上がります。

グラグラする〜

3〜4歳児

出会った友達と遊びを深めよう！

フープで
なべなべ

なるほど解説

「みんなでできる」が楽しい

みんなで同じルールを理解して『なべなべこぬけ』ができることを楽しいと感じるでしょう。フープにもチャレンジしたり、友達と一緒にやってみたり、意欲的に遊ぶことができます。

準備物

フープ（二人で1本）

遊びを通して　できた！　という気持ちを友達と感じる

① フープの中に入る

隣のフープとの距離をあけ、ランダムに置いたフープの周りを自由に走ります。
合図で1本のフープの中に二人ずつ入ります。

あそびのコツ

『なべなべそこぬけ』の遊びを十分に楽しんでからフープを使おう。

② 二人で
『なべなべそこぬけ』

二人でフープを持って
『なべなべそこぬけ』で遊びます。

① ♪なべなべそこぬけ
　　そこがぬけたら
　　フープを両手で持ち、左右に振る。

♪なべなべ
そこぬけ

② ♪かえりましょう
　　かえりましょう
初めの「かえりましょう」
でフープの中に入り、
背中合わせになる。
※終わればフープの中に座り、
　繰り返し遊びましょう。

♪かえりましょう

次の「かえりましょう」で
フープから出て、向かい
合わせになる。

♪かえりましょう

できた！

遊んでみました！

フープでする「なべなべ
そこぬけ」は、手を離して
しまう子どもがいました
が、一人ひとりに回り方
を伝えると上手にでき、
「フープでもできるんだ！」
と、楽しんでいました。

あそびの応用・展開 ➡

『なべなべそこぬけ』（わらべうた）

3歳児 おしりでタッチ

準備物
フープ（二人で1本）

❶ フープの周りを走り、合図でフープの中に二人ずつ入ります。向かい合わせになり、①〜④のふれあいあそびをします。

❷ 終わるとフープから出て走り、合図で再びフープに入り、繰り返します。

①「ひざひざ」
両手で両膝に2回タッチ。

②「トントン」
友達と両手タッチ2回。

③「ひざひざトントン」
①②を繰り返す。

④「おしりでタッチ」
背中合わせになり、おしりでタッチ。

フープから出る。

おしりでタッチ

※違うフープへ行くことは、その都度伝えるといいでしょう。

108

4歳児 ミックスジュース屋さん

準備物
フープ（3人で1本）

❶ 3人ずつ1本のフープに入り、その中で「リンゴ」「バナナ」「牛乳」役に分かれます。
保育者が「リンゴジュース配達！」「バナナジュース配達！」「牛乳配達！」のどれかを伝え、
言われた役の子どもが他のフープに移動します。

リンゴ　バナナ　牛乳

リンゴジュース
配達！

リンゴ！！

❷ 慣れてきたら「ミックスジュース配達！」と伝えます。全員がフープから出て違うフープに入り、
それぞれのポーズを「せーので！　ハイポーズ！」で表現します。繰り返して遊びましょう。

リンゴ　牛乳　バナナ

ポーズ

リンゴ　バナナ

牛乳

ハイポーズ！

みんな
牛乳だ

※どんなジュースができたか、
声を掛けてみましょう。
※初めは二人組（リンゴとバ
ナナ）でスタートしてもいい
でしょう。

109

であってジャンケンゲーム

遊びを通して ルールを理解してジャンケンを楽しむ

なるほど解説

ジャンケンの理解とルールの把握

3歳児は子どもによってジャンケンの理解に差がありますが、4歳児は十分理解できています。ここでは、カードを引く楽しさ、何が出るのかという期待感などをもち合わせながら、ジャンケン遊びを楽しむことが大切です。ジャンケンの理解と、全体の遊びのルールを把握しながら楽しい時間を過ごしましょう。

① カードを引いて「ジャンケンホイ!」

2チーム(1チーム3~5名程度)に分かれ、それぞれ1列に並びます。
先頭の子どもが中央のテーブルまで行き、カードを引いて見せ合います。

※保育者は審判を行ない、ジャンケンの勝敗を実況したり、カードをシャッフルしたりします。

準備物

テーブル、A5サイズの紙(コピー用紙 など)、厚紙、カラー標識、玉入れの玉

● 紙にグー・チョキ・パーのイラストを描き、厚紙に貼ってジャンケンカードを作る。×2セット
● ジャンケンカードを裏返し、テーブルの上に並べて置く。

保育者は玉入れの玉でポイントを付けていきます

ジャンケン　　　　　　　　ホイ!

あそびのコツ

ジャンケンカードを選んでから、「ジャンケンホイ」の合図で出すとスムーズ!

❷ 玉の数が多いチームの勝ち

勝ったら自分のチームの後ろに並び、負けたら相手チームを一周してから、
自分のチームの後ろに並びます。
一人2回ずつ行ない、玉の数が多いチームの勝ちです。

※子どもたちの発想で、カードの引き方、勝敗後の活動などを変化させてもおもしろいでしょう。

勝ったら

負けたら

あそびのコツ

ルールを理解してからポイントを付けていきましょう。

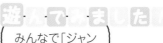

みんなで「ジャンケンホイ!」と言いながら進めると、大盛り上がりでした!

あそびの応用・展開 ➡

であってジャンケンゲーム　応用・展開

3歳児 オニとうさこのジャンケンゲーム

準備物

宝物（玉入れの玉　など）、フープ、カラー標識

3チームに分かれ、それぞれカラー標識に並びます。合図で各チームの先頭の子どもがオニの所まで行き、オニとジャンケンをします。オニに勝てば宝物をもらい、負ければ自分のチームまでウサギジャンプをして戻ります。これを繰り返し遊び、宝物がなくなればおしまい。宝物の多いチームが勝ちです。

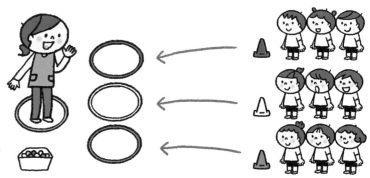

ジャンケンホイ！

勝ち（宝物をもらって戻る）　負け（ウサギジャンプで戻る）

4歳児 同じものジャンケン

フープ、宝物（玉入れの玉　など）、
園児用イス

4チームに分かれます。先頭の子どもはイスに座り、
他の子どもは後ろに並びます。合図で中央まで行き、
4人で「♪おなじものジャンケン　ジャンケン　ホ
イ!」と言ってジャンケンをします。同じ手が出たら
宝物をゲット。戻って後ろに並び、次の子どもがス
タートして繰り返し遊びます。宝物がなくなったら
終了。宝物の数をかぞえて多いチームが勝ちです。

宝物をゲットできるのは…

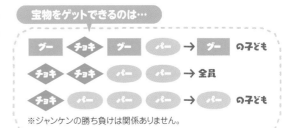

グー	チョキ	グー	パー	→	グー	の子ども
チョキ	チョキ	パー	パー	→	全員	
チョキ	パー	パー	パー	→	パー	の子ども

※ジャンケンの勝ち負けは関係ありません。

宝物

ジャンケンホイ！

ボール、ゲット！

4歳児

ゲームごっこ　同じものジャンケン

おすしとおいなりに変身！

おすしとおいなり

遊びを通して 友達とふれあって遊びを楽しむ

① 役を決めてから唱え歌で遊ぶ

二人組になってからおすし役とおいなり役を決め、向かい合わせになって手遊びをします。

①「おすし」
手拍子2回。

おいなり　おすし

②「ジャンケン」
相手と両手タッチ2回。

ジャンケン

③「おいなり
　ジャンケン」
①②と同じ。

② ジャンケンをしてポーズをする

ジャンケンをし、勝った方のポーズをします。
5秒数えて一緒に「ごちそうさま」と言ったら、
違う友達と繰り返し遊びます。

ホイ

あそびのコツ

自分たちのリズムで遊びましょう。

おすし役が勝ったら…

おいなり役の子どもがシャリに、
おすし役の子どもが同じ向きにかぶさって
ネタになる。

1・2・3・4・5

おいなり役が勝ったら…

おすし役の子どもがシャリに、
おいなり役の子どもが
交差するようにかぶさって油揚げになる。

1・2・3・4・5

ごちそうさま

あそびのコツ

シャリの腰辺りを中心に乗る
といいです。

展開のカギ

**3人で遊んで
みよう**
最初に役を決めず、
一人が勝てば負
けた二人はシャリ
になっておすしに
変身。二人が勝て
ば負けた一人が
油揚げになってお
いなりになります。

一人が勝ち

二人が勝ち

遊んでみました！

どの子も大好きなお
すしとおいなりで楽し
んで変身していました。
イメージをしやすかっ
たようで、おすしでは
エビ・マグロ・タマゴ
といったネタをしぜん
と表現していました。

場所を移動してイスに座れるかな?

せんせい♡だいすき!

遊びを通して　話を聞き、理解してから動く

4~5歳児

ゲームごっこ

せんせい♡だいすき!

なるほど解説

成し遂げる力を身につける

「好きなもの」を自分で判断して遊びます。チーム対抗なので、自分のチームがどれだけイスに座れるかが勝負のカギ。友達同士でいろいろ作戦を練って取り組んでもおもしろいでしょう。

準備物

園児用イス10脚、フープ10本
※20人設定
● 園児用イスとフープを交互に並べて円をつくる。

① 「〇〇が大好きな人!」

2チームに分かれ、それぞれ半分は園児イスに、半分はフープに入って座ります。
初めは保育者が中心に立ち、「プールが大好きな人!」など、季節のアイテムの中からお題を出し、当てはまると思う子どもは立って移動し、空いた所に座ります。座れなかった子どもは真ん中に立ち、次のお題を出します。

プールが大好きな人!

季節のアイテム

 春
チューリップ・タケノコ・こいのぼり　など

 夏
アイス・プール・かき氷・スイカ　など

 秋
ドングリ・焼きイモ・柿　など

 冬
雪・クリスマス・あったかスープ　など

アイスが
だいすきなひと!

② 「せんせい、だいすき!」

時折「せんせい、だいすき!」と言い、このときは全員が動きます。
ある程度繰り返し遊んで、最後にイスに座っている子どもの人数をかぞえ、
多く座っているチームの勝ちとします。

せんせい
だいすき!

展開のカギ

みんなが分かるものでお題
を変えて遊んでみましょう。

117

4~5歳児

二人で玉を運ぶのが楽しい！

コチョやん

遊びを通して　友達と一緒に力を合わせて目標を達成する

なるほど解説

チームの関係性を深める

1～5個の玉数を選択するところでコミュニケーションを取ることができます。期待感を抱きながら遊びを進めることを楽しみ、チームとしての関係性も深めていくことができるでしょう。

準備物

マット、玉入れの玉、かご（バケツでもOK）、フープ

1 二人組で玉を運ぶ

赤・白2チームに分かれて遊びます。二人一組でフープで待機し、二人のおなかで玉（1～5個）を挟んでスタート。コチョやん（保育者）にくすぐられないようにゴールまで移動します。安全マットでは玉の位置を調整することができます。

スタート！

コチョやんきた〜！

ここはあんぜん！

② 玉を多く運んだチームが勝ち

ゴールしたらかごに玉を入れ、次の二人組にタッチ。最後は、赤・白どちらのチームが玉を多く運べたかを競います。

かった〜！

遊んでみました！

しっかりくっ付いて玉を落とさないように真剣に運んでいました。コチョやんが他の所に行っているタイミングを見計らって動くなど、作戦を立てました。

展開のカギ

コチョやん役を子どもがしてみましょう。

コチョ コチョ〜

キャー！

119

友達はどっちに向くかな〜？？

ジャンケン 上・下ホイ

遊びを通して 友達との関わりを深める、遊びを理解する

なるほど解説
分かりやすくて夢中になれる
「あっち向いてホイ」を上下だけに限定しているので、早く勝負がつく、分かりやすい遊びです。また、友達との関わりを深める要素もあり、楽しみながら遊べます。ポイントを理解していくと、時間を忘れて繰り返し遊ぶでしょう。

❶ ジャンケンをして、上か下、どちらかを向く

二人組でジャンケンをし、勝った子どもは「うえ・したホイ」と言いながら上下を指さし、負けた子どもはどちらかに顔を向けます。

ジャンケン
ホイ！

うえ・したホイ！

② 相手が指さした方に向いたら負け

上を指さして勝ったら肩もみ10回してもらい、下を指さして勝ったら足を開いてトンネルをつくってもらいくぐります。新しい友達を探してどんどん遊んでいきます。

展開のカギ

子どもたちと相談して、勝ち負けの活動内容を変えてもいいでしょう。

10びょう
バランス〜

1．2．3…

上を指さして勝ったら

もみもみ〜

くぐれた〜！

下を指さして勝ったら

遊んでみました！

勝ち負けで肩もみやトンネルを楽しみました。いつまでも続けて遊びたそうでした。

遊びのルール理解と自己アピール！

カチカチ・ぶ〜うぶ〜う！

遊びを通して　自分の役割を表現することを楽しむ

準備物

フープ（二人で1本）
● フープをランダムに広げて置く。

5歳児

ゲームごっこ

カチカチ・ぶ〜うぶ〜う！

① フープに入ってジャンケン

二人でフープに入り、ジャンケンをします。

ジャンケンホイ！

かった〜！

まけた〜！

② 勝った同士、負けた同士でフープに入る

勝ったら、「カチカチ」と言いながら勝った友達を探して声を掛け、一緒にフープに入ります。
負けたら、「ぶ〜ぅぶ〜ぅ」と言いながら負けた友達を探して声を掛け、
一緒にフープに入ります。
再びジャンケンをして、繰り返し遊びます。

ぶ〜ぅぶ〜ぅ

カチカチ

あそびのコツ
勝敗のアピール方法を子どもと話し合ってみましょう。

まけちゃった〜　よし、かった！　わーっ、まけた！　やっとかったよ！

遊んでみました！

相手を見つけると互いに手をつなぎフープに入る姿がありました。慣れるとしぜんに友達とふれあい、笑顔が増えてきました！

展開のカギ

● 勝ち、負け、あいこのポーズを考えて遊んでみましょう。

● 移動するときの表現方法を変えてみましょう。

かち　まけ　あいこ

5歳児

チームで考えて遊ぼう！

シッポで スル〜ッ!?

遊びを通して 相手を見て移動したりして、共同性を促す

なるほど解説

子どもたちで作戦を立てる

しっぽの工夫や走り抜け方など、チームごとに作戦や意見を出し、どのようにすれば成功するのか考える要素が含まれています。子どもの言葉をうまく反映できるように援助していきましょう。

準備物

マット、ひも（しっぽ）、カラー標識

しっぽを取られないようにゴールを目ざす

1チーム5名で遊びます。守りチームはマットの上に立ち、その中を自由に動いて相手のしっぽを取ります。攻撃チームは、スタートからマットの上を越え、反対側のゴールを目指します。攻撃チームはマットの上にいる守りチームにしっぽを取られず、ゴールに達するとポイントが入ります。交互に遊んで、得点を競います。

守りチーム

攻撃チーム

ゴール

スタート

しっぽ、とるぞ〜！

あそびのコツ

守りチームの場所を広めに取りましょう。

きゃ～！

とれない～！

とれた！！

あそびのコツ

しっぽの素材を工夫し、長さ
や太さを調節しましょう。

展開のカギ

マットを離したり、増
やしたりするなど、
守りチームの活動範
囲を増やしてみま
しょう。攻撃チームは
マットの上を必ず通
りましょう。

遊んで楽しんだ

しっぽは、太くすると
簡単に取られてしまい
ましたが、細くすると
難しくなり「取れない
取れない」と守りチー
ムの子どもたちはと
ても悔しそうでした。

4~5歳児 +異年齢児

友達との協力と期待感からの楽しさ！

かたかたトントン なんのおと!?

なるほど解説

子どもたちの表現力を深める

おばけに当たって逃げるおもしろさは期待感も含む内容です。言葉で音の表現を楽しむことも遊びのねらいの一つに置き、子どもたちが様々な考えや思いを出していけるように配慮していきましょう。

遊びを通して ゲームの楽しさを知る、自分から進んで楽しむ

準備物

マット、おばけカード（4cm程度）、玉入れの玉（ミニマーカーでもOK）

① なんのおとチームとおばけチームに分かれる

各マットに3人ずつ座り、なんのおとチーム、おばけチームに分かれます。
同じ方向を向いて座り、おばけチームの一人がおばけカードを持ちます。

なんのおと チーム

おばけ チーム

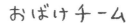

おばけカード

② 「トントントンなんのおと?」

なんのおとチームは3人で相談し、おばけチームの中からおばけカードを持っていそうな子どもを一人選びます。
「トントントンなんのおと?」と言いながら、選んだ子どもの肩を3人でトントンします。

トントントンなんのおと?

あそびのコツ

クラスでする場合、交代制にしてポイントを競う方法をおすすめします。

③ 「○○のおと〜!」

おばけカードを持っていない子どものときは、「○○のおと(例えば、セミ「ミーンミーンミーン」)」と答え、「あ〜よかった」と一度戻ります。また、次はだれにするかを決めて繰り返します。
おばけに当たったら、「おばけー!」と言って3人で追い掛けます。なんのおとチームは自分のマットに逃げ、無事に戻れば勝ち、途中でタッチされると負けになります。勝ったほうのマットの横に玉入れの玉を置きます。

おばけ!

遊んでみました!

3人で話し合うなど、チームワークのある遊びでした!クラスがまとまってきたときにすると、よりおもしろいと思います。

展開のカギ

4、5人に人数を増やしてみましょう。

おばけのおとー!　　キャー!!

異年齢の関係性でルールも遊びもすぐに覚えられる!

3・4・5歳児 ジャンケン電車とイモムシ電車

3・4・5歳児

ゲームごっこ

ジャンケン電車とイモムシ電車

なるほど解説

3人で協力してルールを理解する

3人の異年齢児同士でジャンケンの相談をすることが一番楽しいところです。3歳児はジャンケンがまだ分からないかもしれませんが、異年齢児とやり取りをしながら覚えていくでしょう。その他にも、ルールの共通理解を異年齢の関係性で乗り越えてほしいと思います。

遊びを通して 小グループで協力してゲームを楽しむ

❶ 3人一組でジャンケン電車になってジャンケンをする

縦に並び、前の友達の肩に手を置いて「ジャンケン電車」になります(順番は子どもたちで決める)。相手チームを探して「全身相談ジャンケン」(3人で相談して何を出すか決め、グー・チョキ・パーそれぞれを全身で表現する)をします。

全身相談ジャンケン

グー

体を小さく丸める。

チョキ
手足を前後に広げる。

パー
手足を大きく広げる。

ジャンケンホイ!

あそびのコツ
遊び始めは手でジャンケンをしてもOK。

チョキ!

グー!
パー!
パー!

❷ 負けたらイモムシ電車になる

負けたチームは先頭の子どもが一番後ろに行き、
「イモムシ電車」（みんなで連なってハイハイ）になって移動します。
ジャンケン電車同士、イモムシ電車同士で、全身相談ジャンケンをして繰り返し遊びます。

※イモムシ電車は、勝てばジャンケン電車に戻ります。

イモムシ電車になる

先頭にいた子どもは一番後ろに回る。

負けたら…

勝ったら…

ジャンケン電車同士でジャンケンをする

負けたチームはイモムシ電車になる。

イモムシ電車同士でジャンケンをする

勝ったチームはジャンケン電車に戻る。

遊んでみました

初めは3人で決めたジャンケンを出すのを忘れて、思いついたものを出す子どももいましたが、次第に決めたものをちゃんと出すことができていました。

展開のカギ

2人、3人、4人と人数を増減させていきましょう。
友達との関係性やリーダーシップなど様々な部分での育ちを望めます。

3・4・5歳児

異年齢で協力し合う！

手つなぎ3人組

遊びを通して　異年齢で息を合わせる

① 「オニ役」と「逃げる役」に分かれる

3人一組で手をつなぎます。「オニ役」3組は中央のマットの上に、「逃げる役」8組はライン上に立ちます。

準備物

フープ、マット、帽子

※33人設定

あそびのコツ

オニ役と逃げる役で帽子の色を変えると分かりやすいでしょう。

② 3人で手をつないだままオニごっこをする

オニ役が10を数えたらスタート。8組は手をつないだまま逃げ、
オニ役の3組も手をつないで追い掛けます。フープに入れば5秒間休憩することができます。

にげろ〜！！

1・2・3…

あそびのコツ

保育者はルールの細部を遊び
ながら伝えると明確化します。

③ 制限時間まで逃げる

3人組のうちの誰かがオニにタッチされたら、中
央のマットに移動します。別の異年齢児を見つけ
て新たな「オニ役」の3人組をつくり、ライン上で
10を数え再スタート。制限時間を1〜2分程度にし、
逃げ切った3人組に拍手をしてから、役を交代し
ます。

パチパチ…

ピーッ

遊んでみました！

初め、5歳児は自分の思
うままに走っていました
が、繰り返し遊ぶうちに
3・4歳児に優しく声を掛
けたり、3人で力を合わせ
て走ったりしていました。

展開のカギ

オニが一人で動き、追い掛ける「一
人オニタイム」をつくってみましょう。

131

3人でいろいろな果物に変身

オモシロやおや

遊びを通して 異年齢児同士で力を合わせる

3・4・5歳児

ゲームごっこ

オモシロやおや

『おちたおちた』の歌で遊び、果物ポーズをする

3人組をつくり、「♪おちたおちた　なにがおちた」と歌います。保育者が果物の名前を伝えたら、全員で協力してポーズをします。保育者が「ん？　あれ？　うりきれー!」と言ったら、新しい友達を探して新たな3人組をつくり、繰り返し遊びます。

♪おーちた おちた
なーにが おちた

リンゴ!

リンゴ

二人が長座になり、もう一人を膝の上に寝かせ抱えるようにする。

バナナ

ズコッ!

3人で「ズコッ!」と言ってずっこける。

ミカン

二人が手をつないで輪をつくり、もう一人が中に入って果肉の役になり、腰をフリフリして踊る。

展開のカギ

果物の種類を増やし、3人でできるオリジナルポーズを考えて遊んでみましょう。

パイナップル!

遊んでみました!

ミカンの「フリフリ」がしたいけど、ちょっと恥ずかしくて「どうぞ!」と譲る姿がかわいかったです。

※『おちたおちた』(わらべうた)

第4章

オニあそび

友達と一緒になって遊べるオニあそびを集めました。
タッチされないように必死になって逃げたり、オニになって追い掛けたり、
友達と関わりながら、運動機能も高まります。

3~4歳児

自分で考えて行動！

ジャックと
おおおとこ

なるほど解説

主体的に取り組む

おおおとこに気付かれないようにするにはどうすればいいのか、起きてきたらどうやってタンブリンを鳴らしたらいいのか、逃げるときは…など、すべての判断を子どもがしなくてはなりません。それを見ている他の子どもたちも応援したり、声を出したりとみんなで楽しめます。

遊びを通して ルールを理解し、みんなで楽しむ

準備物

マット、タンブリン（卓上ベルでもOK）3個
- スタート位置にマット、少し距離を取っておおおとこが寝るマットを敷く。
- おおおとこの場所には宝物のタンブリンを置く。
- 人数が多い場合は、チームに分かれ図のように応援する。

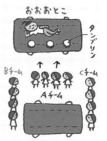

① おおおとこの大切な
タンブリンを鳴らしに行く

おおおとこ（保育者）はマットに寝ます。
スタート位置からジャック（子どもたち）はおおおとこに
気付かれないようにそっとタンブリンを鳴らしに行きます。

そ～っと…

❷ おおおとこがジャックを追い掛ける

次々に必ずジャックはタンブリンをたたいていきます。
おおおとこはタンブリンの音で目を覚まし、ジャックを追い掛けます。
ジャックはスタート位置まで逃げることができればゴール。

展開のカギ

● 逃げる途中、危なくなったら石ころに変身する（人間のにおいがしないのでおおおとこには見えない）。

● おおおとこが寝ているか双眼鏡で確認する。

● 行くときは抜き足差し足忍び足ができるようになるといいでしょう。

パンッ！

まて〜！

キャー！

あそびのコツ

おおおとこはジャックを捕まえそうで捕まえません。

遊んでみました！

タンブリンを鳴らしたい子、おおおとこが怖くていつも後ろにいる子など、それぞれの様子がよく見られる遊びでした。

3~4歳児

保育室のこんな所に逃げられるぞ!

おへそオニ

遊びを通して　簡単なルールを理解する、友達と遊びを楽しむ

関係性を取りながら遊ぶ

子どもと保育者とのコミュニケーションを取ることが大切です。隠す、逃げる、という関わりの中で楽しく遊べるといいですね。子どもたちは友達の姿を見ながら、ルールの理解を深めて活動します。その姿を見守りながら、時には援助していきましょう。

① おへそオニの声を聞く

保育者は「おへそオニ　おへそオニ　今からおへそを取っちゃうぞ!」と言い(子どもは手拍子)、「壁」「床」「お友達」の中のいずれかを伝え、子どもを追い掛けます。

今から
おへそを
取っちゃうぞ!

展開のカギ

隠す部位を2か所にしたり、隠す場所を増やしたりして、バリエーションを増やしてみましょう。

おへそと
おしりを
とっちゃうぞ!

② おへそを隠す

子どもはオニから逃げ、へそを隠します。上手に隠せていたらオニが「あれ〜っ、おへそないな〜。もう1回!」と言って保育室の中央に戻り、繰り返し遊びます。

壁 体を壁にくっ付ける。

おへそ かくしたよ〜

遊んでみました!

壁や床にくっ付けたり、友達とくっ付いたりしてへそを隠すのが楽しかったようです。逃げたり隠したりと体を動かしながら盛り上がっていました。

あそびのコツ

保育者は子どもを捕まえず、うまく体を動かしてへそを隠せるように促しましょう。

床 床にうつ伏せになって寝る。

これでとられないぞ!

お友達 友達を探してへそ同士をくっ付ける。

オニさん、こっちみてる!

3〜4歳児

出られそうで出られない！

アルプスオニ

遊びを通して　俊敏性が養われる、友達と力を合わせる

❶ 『アルプス一万尺』の歌の後に輪の中に入る

2チームに分かれて遊びます。Aチームは手をつないで輪になり、Bチームは輪の外にランダムに広がります。Aチームが『アルプス一万尺』の1フレーズを「♪さあ　はいりましょう　ヘイ!」と変えて歌い、BチームがAチームの子どもの間をくぐって輪の中に入ります。

❷ 輪の外に出た人数の多いチームの勝ち

Aチームがもう一度『アルプス一万尺』を歌います（Bチームは手拍子）。「♪さあ　おどりましょう　ヘイ!」で、Bチームはすき間を見つけて輪の外に出ようとし、Aチームは出られないように協力してすき間を塞ぎます。15秒経ったら保育者が合図を出し、外にいる人数をかぞえます。
交代して同様に行ない、輪の外に出た人数の多いほうが勝ちです。

♪ アルプス いちまんじゃく〜

ふさいで！

でるぞ〜！

でれた〜！

遊んでみました！

出られないように頑張って横に動いて、友達と協力する姿が見られました。出るよりも出られないようにするほうが難しいゲームだと思いました。

展開のカギ

各チーム2〜3人だけ帽子をかぶり、帽子をかぶっている子どもが外に出たら2点、他の子どもは1点など点数を決め、得点を競います。

でられた！

※『アルプス一万尺』（作詞／不詳　アメリカ民謡）のメロディーで　一部作詞／小倉和人

3~4歳児

「あ〜、よかった！」友達と同じ気持ちになれる！

げんこつやまの たぬきオニごっこ

なるほど解説

逃げながら友達の 様子を把握する

見つけたフープに入ることは簡単ですが、「二人で」というルールが加わるので、走って逃げながら友達の様子を把握しなければなりません。「一緒に逃げることができて良かったね！」と共感しながら取り組めるといいでしょう。

遊びを通して　敏捷な活動を楽しむ

準備物

マット、フープ
● マットを敷き、少し離れた所にフープを置く。

① 『げんこつやまのたぬきさん』の手遊びをする

子どもは保育者（オニ）の方を向き、（フープを背にして）マットの上で、手遊びをします。

『げんこつやまのたぬきさん』（わらべうた）の手あそび

げんこつを
打ち合わせる

おっぱいを飲む
しぐさをする

左右の手を合わせ、
左右の頬に当てる

抱っこする
しぐさをする

おんぶする
しぐさをする

かいぐりをして
「た」で手をたたく

❷ オニから逃げてフープの中に二人で入る

歌が終わったらオニ（保育者）が追い掛け、子どもはフープの中に逃げます。
全員がフープに入れたら成功。繰り返しチャレンジしてみましょう。

※フープには二人ずつしか入れません。

あそびのコツ
逃げる合図（手をたたく など）を出しましょう。

待て〜!!

また あした!!

あそびのコツ
オニは捕まえずに、子どもがフープに入れるように促しましょう。

にげられたー！

遊んでみました！
友達と一緒にという意識があることで、安心感があり、楽しめていました。

あそびの応用・展開 ➡

げんこつやまのたぬきオニごっこ　応用・展開

3歳児 あっちこっち迷路オニ

準備物

マット、フープ、ライン、目印になる物
（カラー標識　など）
● カラー標識やラインなどで区切っ
て簡単な迷路を作る。

迷路を作って、「げんこつやまのたぬきオニごっこ」をします。「♪また
あした」でオニが追い掛け、子どもは迷路をたどってフープまで逃げ
ます。カラー標識やラインなどの間を抜けて、うまく逃げ切れば成功
です。

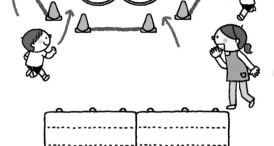

遊んでみました！

逃げ道を発見するのが
楽しそうでした。

あそびのコツ

迷路の広さや距離は、子ども
の姿・もっている力などを考
慮して考えましょう。

\\ はいった！ //

あそびのコツ

フープには二人ずつしか入れ
ません。

⁴歳児 だるまオニ

マットの上からスタート。「だるまさんがころんだ」をしながら進み、オニ（保育者）の後ろに並べた
3つのカギ（カラー標識）を倒しに行きます。体が動いてオニに名前を言われた子どもはろうやに
入ります。全てのカギを開ける（カラー標識を全て倒す）ことができたら、全員でフープへ向かって
逃げ、オニが追い掛けます。フープやマットに入れば逃げ切り成功です。

※オニに捕まった子どもはろうやに入り、次に遊ぶときはろうやからスタートします。

にげられた～！

あそびのコツ

ろうやにいる子どもも一緒に
逃げます。

たおした！

4歳児　オニあそび　だるまオニ

143

ジグザグオニ

ハラハラドキドキ！ でも、あったまる！

遊びを通して　バランス感覚を促す。ルールを理解する

なるほど解説

**自信をもって
取り組む姿**

友達とのやり取りが楽しい、でもドキドキする、そのような遊びです。オニになっても楽しめ、逃げる子どもも「捕まらずに行けるかな」と、どちらの役にも自信がもてる要素が含まれています。

準備物

長縄、カラー標識、玉入れの玉
（バトンでもOK）
● 長縄でジグザグ迷路を作る。

あそびのコツ

オニが動ける場所をカラー標識で示します。

あそびのコツ

ジグザグ迷路の幅はよく考えて調整していきましょう。

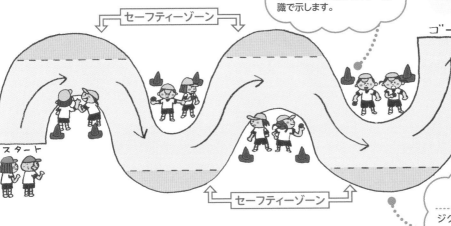

セーフティーゾーン
ゴール
スタート
セーフティーゾーン

1 ジグザグ迷路を通り抜ける

オニは玉入れの玉を持って、カーブの内側で待ちます。逃げる子どもはセーフティーゾーンをうまく利用して、オニにタッチされないように迷路を通り抜けます。

タッチするぞ！

❷ オニ役を交代する

オニにタッチされたら、玉をもらって役を代わります。

初めはあっさりとオニにタッチされていましたが、次第に自分が通る場所が分かってきて、ゴールまで行けるようになりました。

展開のカギ

ジグザグコースを変化させましょう。

145

4~5歳児

二人で協力して目的の場所まで!

こぶたオニ

遊びを通して　友達と協力してオニ遊びを楽しむ

なるほど解説

協同性を育てながら遊ぶ

逃げながら同じ方向に進む、短時間でどこに行くかを決めるなど、瞬時の判断が必要です。一人では簡単にできることも、二人で遊ぶことで難しさが増します。協同性を育てながら遊んでいきましょう。

準備物

フープ7本(ランダムに広げて置く)、マット2枚

① オオカミに捕まらないようにフープに逃げる

※園児20人設定

こぶた (子ども) は二人ずつペアになります。3組のペアは手をつないでマットで待機し、残りのペアはおうち (フープ) に入ります。

合図でマットの3組が手をつないだまま、オオカミ (保育者) に捕まらないようにおうちまで逃げます。

146

② おうちの中を入れ替わる

最初に中に入っていたこぶたのペアはフープの外に出て、逃げてきたペアの上から下にフープを通し、入れ替わります。

外に出たペアは手をつなぎ、オオカミに捕まらないように違うフープへ向かいます。

あそびのコツ
初めはフープを通すだけ、入れ替わるだけで遊びましょう。

1、2、3…

③ タッチされたらマットに戻る

こぶたのペアのうちどちらかがオオカミにタッチされたらマットに戻り、二人で10を数えたら再スタート。繰り返し遊びます。

遊んでみました！
初めは、一緒に逃げる、一緒におうちを探してフープを動かすという動きが、自分のペースになり難しかったようです。でも、すぐに慣れてスピードが速くなり、楽しむことができました。

あそびの応用・展開 ➡

147

4歳児 トンネルオニ

二人がトンネルの中に入ったら交替する

❶ 二人組でフープ2本を持ち、トンネルをつくります。
他の子どもは、玉入れの玉を一つ持ってオニ（保育者）にタッチされないように逃げ、
フープをくぐって中に入ります。中に二人入ったら、フープと玉を交換し、役割を交代します。

あと
ひとり〜！

こうたい！

❷ オニにタッチされたら、マットに戻ります。
玉を頭の上にのせて5を数えたら再スタート、
繰り返し遊びます。
※スタート地点はフープから少し離れた所に設定します。

1.2.3…

4歳児 オニあそび トンネルオニ

5歳児 オニと小オニ

準備物
フープ、カラー標識4本
●カラー標識を四隅に置き、フープをランダムに広げる。

フープを4つのカラー標識に入れる

1 合図で小オニが逃げます。オニは中央で10を数えてからスタートし、タッチした小オニをフープの中に入れます。
※園児20人の場合（オニ…4人、小オニ…16人）

つかまった

2 フープの小オニが二人になったら、他の小オニが協力してフープを下から上へ通します。
※小オニがフープを持っている間は、オニはタッチできません。

3 中にいた小オニは復活し、フープを四隅のカラー標識に入れに行きます。時間内に全てのカラー標識にフープを1本ずつ入れることができれば小オニの勝ち、できなければオニの勝ちです。

いれた!

149

4~5歳児

増えたオニから逃げる！

エンドレス ふえるオニ

遊びを通して オニ同士で人数の確認をする

4~5歳児

オニあそび

エンドレスふえるオニ

準備物

マット

オニの数がどんどん増えていくオニごっこをする

❶ 最初はオニを1人決めます。オニは10を数えてスタートし、2人にタッチします。タッチされた子どもはマットに移動します。

タッチ！

オニ
1人目
2人目 タッチ！
オニ

遊んでみました！

慣れてきたら、お山座りで移動する「お山座りオニごっこ」をして遊んでみました。声をあげながらオニから逃げて楽しんでいました！

タッチ！
オニ

❷ タッチされた2人がオニになり、3人にタッチします。同じように、オニが「オニの数＋1」の人数にタッチし、タッチされた子どもが次のオニになり、3人オニ、4人オニと増えていきます。

オニ
タッチ！
1人目
2人目
3人目
オニ

❸ 最後はタッチされた5人でジャンケンをします。負けた1人がオニになって、①の1人オニからスタートし、繰り返し遊びます。

ジャンケンポン！

展開のカギ

マットなどを置いて、オニが入れない場所や通れない道を作るとおもしろさが増します。

第5章

みんなで
水あそび

戸外での水あそびも少し紹介します。
暑い時期の水あそびでも、子どもたちの関わりは深まります。

3~4歳児

みんなで一緒に「チャポン!」で水慣れ

いとまきみずぎ

遊びを通して 遊びを通して、水に慣れ親しみをもつ

『いとまき』の一部替え歌で遊ぶ

※プールに入り、立った状態から始めます。

① ♪いとまきまき　いとまきまき

かいぐりをする。

あそびのコツ

水への怖さや苦手意識を和らげるために小さな動きから始めよう。

♪いとまきまき
いとまきまき

② ♪ひいてひいて

横に引く。

③ ♪パシャパシャパシャ

水面を両手のひらでたたく。

♪パシャパシャパシャ

♪ひいて
ひいて

④♪できた　できた
手拍子をする。

♪できたできた

⑤♪みんなのみずぎ
自分の水着にタッチ。

⑥「チャポン!」
水につかる。

チャポン!

遊んでみました!
水面をたたいたり、「チャポン!」という表現がおもしろく、笑いながら楽しめました。

あそびのコツ
「チャポン!」を一緒に言うと、楽しさアップ!

あそびの応用・展開 ➡

※「いとまき」(作詞/不詳　外国曲)のメロディーで　一部作詞/小倉和人

3歳児 ふたりでいとまきみずぎ

二人で手をつないで遊ぶ

① ♪いとまきまき　いとまきまき
二人一組になり、手をつないで回る。

② ♪ひいてひいて
互いに引っ張り合う。

③ ♪パシャパシャパシャ
手をつないだまま、水面をたたく。
※①～③をもう一度繰り返す。

♪ひいてひいて

パシャパシャパシャ

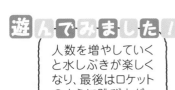
遊んでみました！
人数を増やしていくと水しぶきが楽しくなり、最後はロケットのように跳び上がって楽しそうでした。

④ ♪できた　できた
みんなのみずぎ
手をつないだまましゃがむ。

⑤ 「3・2・1・0　どっか～ん!」
ジャンプする。

3.2.1.0
どっか～ん！

4歳児 いとまきみずぎでトンネルくぐり

※6人組（内チーム3人、外チーム3人で輪になる）設定

内チームと外チームに分かれ輪になってトンネルをくぐる

❶ 内チームがメインで活動し、外チームは手拍子をする。

① ♪いとまきまき　いとまきまき
手をつないでぐるぐる回る。

② ♪ひいてひいて　　互いに引っ張り合う。
③ ♪トントントン　　ジャンプする。

❷ 外チームがメインで活動し、内チームは頭を寄せて下を向く。

④ ♪いとまきまき　いとまきまき
内チームの背中に水を掛ける。

⑤ ♪ひいてひいて　　間を取る。
⑥ ♪トントントン　　④と同じ。

❸ 両チームで活動する。

⑦ ♪できた　できた
内チームが手を上げてトンネルを作り、外チームがワニ歩きでくぐる。

⑧ ♪みんなのみずぎ
外チームは中央に立ち、内チームが中央に近寄る。

⑨「ぎゅ〜っ！」
内チームが外チームに抱き付く。

155

貼り付けて大きさを感じる！

新聞紙ぺたぺたパック

遊びを通して 遊ぶ方法を知り、主体的に取り組む

なるほど解説

物の大きさを感じる

物の表面積は意外にも子どもたちには分かりにくいものです。「この鉄棒にはこれだけ新聞紙がいるんだ！」と感じることも大切です。また、遊び終えてからの振り返りがここでは大切です。きちんとみんなが遊んだことを見てみましょう。子どもたちの声が遊びの深さを伝えてくれると思います。

準備物

新聞紙、タライ

水に浸した新聞紙を遊具などに貼り付けて遊ぶ

ハガキの半分ぐらいの大きさになるように新聞紙を手でちぎって水に浸します。水を十分に含んだ新聞紙を園庭の遊具などに貼り付けていきます。できたらみんなで遊んだことの振り返り（「ボールには○まいはったよ」など）をしましょう。1日乾かしてから、後片づけもきちんとしましょう。

あそびのコツ

初めは小さい物から貼り付けてみましょう。

※簡易テントなどの日よけで日陰をつくり、休息と水分補給をしながら遊びましょう。

遊んでみました！

初めに子どもたちと相談をしてバケツやタライから始め、コツをつかんでチームで滑り台や三輪車、鉄棒などに移りました！

展開のカギ

でき上がった物に絵の具で色を付けて遊んでみましょう。

ぬりぬり

カラフルボールだ！

あそびのコツ

人数に合った大きさの物を選びましょう。

ペタ
ペタ

あそびのコツ

クラスで遊ぶときは滑り台など大型遊具でもチャレンジしてみましょう。

ペタ

異年齢児との関わりや力を合わせることを知ろう！

おさかな ニョロニョロ

遊びを通して 友達と言葉のやり取りや活動を楽しむ

なるほど解説

声を掛け合って協力する

一人では安定して持てる魚でも、二人で持つとバランスが難しく、まるで生きているように感じるでしょう。シャボン玉液のニョロ、ヌルッとした感覚が加われば子どもは大興奮。異年齢児と声を掛け合いながら、歩幅や微妙な力を合わせ、協力することの大切さを身につけていければと思います。

準備物

傘袋（魚の目やヒレを描いてもOK）、バケツ、タライⒶ・Ⓑ、シャボン玉液

● 傘袋が満タンになるまで水を入れ、漏れないように口を結ぶ（前日に残ったプールの水を再利用してもOK。汚れがひどい場合は×）。
● バケツには手洗い用の水（時折入れ替える）、タライⒶ・Ⓑには魚を入れる用の水を入れる。
● タライⒶの水にシャボン玉液を入れ、魚を持ったときに手が滑りやすくなるようにする。

異年齢児同士で二人一組になって魚を運ぶ

スタートの合図で、タライⒶの魚を二人で持ち落とさないように運びます。
前方に置いてあるタライⒷの中へ先に魚を入れた二人組が勝ちです。

※シャボン玉液を作るときに使う洗剤は肌にやさしいものを選び、台所用洗剤などは避けましょう。
※肌が敏感な子どもにはシャボン玉液なしのタライを準備しましょう。

あそびのコツ

魚のスペアを十分に用意しましょう。

Ⓐ　Ⓑ

あそびのコツ

スタートとゴールの距離を調整しましょう。

スタート！

遊んでみました！

魚の感触が気持ち良く、楽しさが増しているようでした。5歳児は年下の子どもに「こうしたらもちやすいよ」と声を掛けながら楽しんで遊んでいました♪

すべる〜！！

ゴール！！

展開のカギ

ビニール袋の種類を変えて遊んでみましょう。

まるくてフグみたい！

著者

小倉　和人（おぐら　かずひと）

KOBEこどものあそび研究所　所長
こどものあそび作家

神戸・明石などの保育園を中心に計4か所、17年間の勤務経験がある。その後、子どもの遊びと育ちを考える、KOBEこどものあそび研究所を立ち上げる。乳幼児の運動遊び、親子遊びやパパと子どもだけで遊ぶ父親の子育て支援など、楽しいイベント・研修会などを数多く行なっている。また、乳幼児の遊びの中で身近な物を使って取り組むことにも力を入れ、製作遊びを保育雑誌などに執筆している。

〈主な著書〉
● 『0・1・2　3・4・5歳児の たっぷりあそべる手作りおもちゃ』
● 『0〜5歳児 ごっこあそびアイディアBOOK』
● 『0〜5歳児 夢中がギュッ! 夏のあそびコレクション★』
● 『写真たっぷり! 0・1・2歳児の運動あそび』
● 『写真たっぷり! 3・4・5歳児の運動あそび』
（全てひかりのくに）など

実践協力園

須磨区地域子育て支援センター（兵庫県神戸市）：
古谷美佳、池田麻美、田中孝野

認定こども園まあや学園（兵庫県たつの市）：
北川尚子、松本幸子、磯島晶子、北野絵理、石本宗史、田淵加代子、有吉敦子、片岡桃子、塩谷祐子、村上恵、横野彩香

よこやま保育園（兵庫県三田市）：
西村優里、富永沙也佳、林山千祥、芝崎ねね、荒田友紀、川原望、前中麻里、池田洋子、坂本明美、廣瀬加津子、西野範子、石崎歌音、原田佳奈

※園名、所属は執筆当時のものです。
※本書は、『月刊 保育とカリキュラム』2016〜2018年度に掲載された内容の一部を加筆・修正してまとめ、単行本化したものです。

あそびのポッケ④
友達と関わり、主体性・協同性を育む
3・4・5歳児のふれあいあそび

2021年6月　初版発行
2024年1月　第4版発行
著　者　小倉　和人
発行人　岡本　功
発行所　ひかりのくに株式会社
　　　　〒543-0001 大阪市天王寺区上本町3-2-14
　　　　郵便振替 00920-2-118855　TEL.06-6768-1155
　　　　〒175-0082 東京都板橋区高島平6-1-1
　　　　郵便振替 00150-0-30666　TEL.03-3979-3112
　　　　ホームページアドレス　https://www.hikarinokuni.co.jp
印刷所　大日本印刷株式会社

Printed in Japan
©KAZUHITO OGURA 2021
乱丁・落丁はお取りかえいたします。
ISBN978-4-564-60942-8
JASRAC出2102906-304
NDC376 160P 21×19cm

STAFF

イラスト／常永美弥、町田里美、みやれいこ
本文デザイン／千葉なつ［グリーンエレファント］
楽譜浄書／クラフトーン
編集協力／中井舞［pocal］
校正／株式会社文字工房燦光
企画・編集／長田亜里沙、北山文雄